# Wordsearch

# Wordsearch

ARCTURUS

**ARCTURUS**

This edition published in 2019 by Arcturus Publishing Limited
26/27 Bickels Yard, 151–153 Bermondsey Street,
London SE1 3HA

ISBN: 978-1-78950-380-7
AD007216NT

Printed in China

# 1     Countries of Europe

G R U O B M E X U L A N D
E A R K A D E R A N P U N
R L U E R I S G K O M R H
A A S G R A A E R N E S Q
I U S A O I I T L T T P B
B A I L D Y U N P A S A D
R F A A N G A O E K W I W
E L I V A H L W A V E N T
S A C L O A A E R U D A A
A N O G N D T Y I O E I S
B D C D Q S L O V E N I A
F R A N C E A O F A R E E
O S N P T T M E M A O D N
C R O A T I A O S I Z S I
K F M K E R R Y D F L X A

| | | |
|---|---|---|
| ◇ ANDORRA | ◇ MONACO | ◇ SERBIA |
| ◇ CROATIA | ◇ NORWAY | ◇ SLOVENIA |
| ◇ FRANCE | ◇ POLAND | ◇ SPAIN |
| ◇ LUXEMBOURG | ◇ PORTUGAL | ◇ SWEDEN |
| ◇ MALTA | ◇ ROMANIA | ◇ UKRAINE |
| ◇ MOLDOVA | ◇ RUSSIA | ◇ WALES |

## 2    Trees and Shrubs

```
G A S U M A C V E C M B E
J E R I N T R O P C A L Y
E A C Y I S R E S L H S C
S G E A J A N D S A A L A
A D N A R A C A J D U D C
W L N A W O R E U W J A L
H R M O O R B J Q M L E F
I U S O R T V M V I Z R O
T K Y W N C A B L A K K S
E O R A L D E M H X C J I
B U R A M L E H C Y W D E
E N W A E U C C P S G U R
A V P M N T G R C A F A Y
M L O C I G X A T E A U A
E N S W S G E L S E L E O
```

◊ ALMOND          ◊ LARCH          ◊ OSIER

◊ BALSA           ◊ LEMON          ◊ ROWAN

◊ BROOM           ◊ LILAC          ◊ SUMAC

◊ CAROB           ◊ MAPLE          ◊ WHITEBEAM

◊ JACARANDA       ◊ MEDLAR         ◊ WITCH HAZEL

◊ JUDAS           ◊ ORANGE         ◊ WYCH-ELM

# 3      Opera Composers

| | | |
|---|---|---|
| ◊ BELLINI | ◊ HANDEL | ◊ ROSSINI |
| ◊ BERLIOZ | ◊ MENOTTI | ◊ SMETANA |
| ◊ BORODIN | ◊ MONTEVERDI | ◊ STRAVINSKY |
| ◊ CHABRIER | ◊ MOZART | ◊ TIPPETT |
| ◊ DELIBES | ◊ PUCCINI | ◊ WALTON |
| ◊ GLUCK | ◊ RAVEL | ◊ WEIR |

# 4    Flowery Girls' Names

```
Y L U W I N T A R R F I N
E R R I N E O H E N E N P
B R Y O N Y A D O A P G J
Y A P P A I N I E F K L A
A T I A P E G S L K F K S
S I W N V O R E E H S B M
I R D A O R P N L V A E I
Y L L O H R Y L D L Z D N
H V D B L W F L R L A C E
E Z I N N I A E E V V H J
A L O I V L V R A C F V M
T A N S Y L R E O S I S A
H F G L P O B J L L R C S
E T A N S W V E N T F V P
R Y U E T I R E U G R A M
```

◊ BRYONY         ◊ JASMINE          ◊ SAFFRON

◊ CICELY         ◊ LAVENDER         ◊ SORREL

◊ DAHLIA         ◊ MARGUERITE       ◊ TANSY

◊ FLORA          ◊ NIGELLA          ◊ VIOLA

◊ HEATHER        ◊ OLIVE            ◊ WILLOW

◊ HOLLY          ◊ POPPY            ◊ ZINNIA

# 5  Winning

```
N O I T C A F S I T A S A
I N F C R X R X A S D T S
F R E E G I F T L W T R A
J I S R T E U A A H A H G
Y E N O M N D M E A G R D
R J T D X E O F P E R K D
E B K R M K R H O H A A J
T A P L O O N H T E N T I
T C U E N P S E C A T A K
O C C T C H H O X Y R P M
L O I R I H N Y A J E A Q
K L N E I Q T L A Z T H M
E A L C U Z E A I C E E K
D D L E L R J R H W Y A G
A E R E D L P H D E M D E
```

◇ ACCOLADE    ◇ GRANT      ◇ PRIZE

◇ AHEAD       ◇ LOTTERY    ◇ RELAY

◇ AT THE      ◇ MARATHON   ◇ SATISFACTION
  FRONT
              ◇ MATCH      ◇ SHIELD
◇ AWARD
              ◇ MEDALS     ◇ TRIUMPH
◇ CONQUER
              ◇ MONEY      ◇ TROPHY
◇ FREE GIFT

9

## 6    Mysterious

```
A L M R A E L C N U A S E
R E T I C E N T Y C E E E
O G D G R U G N J S S N N
A C C E E A C N U P U A I
E H C W N H C R A I O C T
H S R U F I T L M R I R S
C U E S L S A R E T T A E
R H E H B T O L S V I S D
Y H P A U J A Y P W T F N
P S Y D L R M F T X P N A
T U U O A E D P E U E M L
I H J W R E G W B D R N C
C O S Y U E T E D O R H U
U N U S U A L I N L U C E
S T R E A D H C E D S A S
```

◊ ABSTRUSE       ◊ HUSH-HUSH      ◊ SHADOWY

◊ ARCANE         ◊ LEGEND         ◊ STRANGE

◊ CLANDESTINE    ◊ MIRACLE        ◊ SURREP-
                                    TITIOUS
◊ CREEPY         ◊ MYSTIC
                                  ◊ UNCLEAR
◊ CRYPTIC        ◊ OCCULT
                                  ◊ UNEXPLAINED
◊ HIDDEN         ◊ RETICENT
                                  ◊ UNUSUAL

# 7    Don't Be Miserable

| | | |
|---|---|---|
| ◊ CHEERLESS | ◊ DOWNCAST | ◊ MOURNFUL |
| ◊ CRUSHED | ◊ DREARY | ◊ SORRY |
| ◊ DEJECTED | ◊ FED UP | ◊ TEARFUL |
| ◊ DEPRESSED | ◊ FORLORN | ◊ UNHAPPY |
| ◊ DESOLATE | ◊ GLOOMY | ◊ UPSET |
| ◊ DISMAL | ◊ GRIEF-STRICKEN | ◊ WRETCHED |

## 8 Silent "H"

```
T O P H A S N A H T E O C
W E Z Y C S T O M A C H F
R P C W T R V H S A R A H
H G G H H D F R Y O T H S
I U C Y N H E Y M M V K E
Z E T H V O H E P H E O R
O H T H O G L J E X Z S M
M H E I N R I O H C C K E
E I B I H B E A G H R A J
D I D G H W U O O Y H U T
F M K M T S X O G S M M S
O L A A T W L G W R S M E
U E Z F H W V H A F A M N
A O G A Z K E A H M F P Q
H I M C Q Y G H E T T O H
```

◊ CHOIR

◊ CHOREO-
   GRAPH

◊ CHROME

◊ DINGHY

◊ EXHAUST

◊ GHETTO

◊ HONEST

◊ KHAKI

◊ RHIZOME

◊ RHYTHM

◊ SARAH

◊ SCHOOL

◊ STOMACH

◊ TECHNOLOGY

◊ THYME

◊ WHAM

◊ WHEY

◊ WHITE

# 9    Famous Pictures

| | | | | | | | | | | | |
|---|---|---|---|---|---|---|---|---|---|---|---|
| G | V | A | E | B | E | N | E | O | H | E | L | O |
| S | U | F | C | E | R | A | S | M | U | S | W | R |
| H | V | E | C | C | E | H | O | M | O | Y | A | R |
| D | I | J | R | D | W | O | T | U | R | L | C | T |
| U | A | V | Y | N | D | C | B | T | O | A | A | N |
| T | D | D | E | E | I | A | N | N | G | D | I | S |
| C | Y | E | L | I | C | C | E | A | N | E | T | A |
| H | S | O | E | C | B | C | A | D | I | M | T | L |
| F | T | X | H | P | A | N | O | E | W | O | S | L |
| A | Y | U | M | L | S | G | F | L | S | R | F | E |
| M | S | E | V | E | L | D | L | F | E | D | D | R |
| I | L | A | D | B | A | F | O | J | H | N | U | B |
| L | R | T | E | K | N | N | R | G | T | A | N | M |
| Y | H | C | A | T | I | C | A | R | U | S | E | U |
| S | L | E | S | G | S | V | U | D | R | A | S | E |

◊ ALONE

◊ ANDROMEDA

◊ BACCHUS

◊ CALVARY

◊ DANAE

◊ DUNES

◊ DUTCH FAMILY

◊ ECCE HOMO

◊ ERASMUS

◊ FLORA

◊ GOD SPEED

◊ GUERNICA

◊ ICARUS

◊ LEDA

◊ SALOME

◊ THE SWING

◊ TOLEDO

◊ UMBRELLAS

# 10     Ancient Egypt

```
C E H O H I J A R E S A C
E C X I A B U R A W A S H
N I L E E U F K V S Y B E
O F W A D R D K U T H A M
T I N I A R O R E N M R B
A R U L S S O G U C V A I
P C H E H H S B L K Q C N
H A A S U N I E H Y K S A
P S L O R A R R P T P O T
L R L Y N Z I F E R S H E
C G I M O J S M K I D P S
U F D E G Y P T O L O G Y
G V A I S L S E V A L S V
L G Z H E T B A X N I N R
B A F S I T I T R E F E N
```

◇ ABU RAWASH     ◇ HIEROGLYPHS     ◇ OSIRIS

◇ CENOTAPH     ◇ HORUS     ◇ PRIEST

◇ DASHUR     ◇ ILLAHUN     ◇ SACRIFICE

◇ EDFU     ◇ NEFERTITI     ◇ SCARAB

◇ EGYPTOLOGY     ◇ NILE     ◇ SLAVES

◇ GIZA     ◇ NUBIAN     ◇ TEMPLES

# 11 Ski Resorts

```
W E L O H N O S K C A J D
E J O D D E M L D L B T L
W S M W N G A C R A H E A
V D E U O A I N I V R E C
A A K E D Y R M B I K L E
R V O Y F S C B W E U M P
I O O W L E F U O R H E O
N S B R O A L D N E T S W
S E E O I L T D S O A A D
A V S M J A F H M Q I Y E
L S A J P H Z C U D T Z R
N C P F O L G A R I D A H
V S L E D J U I I E L Z O
I G S X N K N F O A E E R
I Y H H P G A R N S B K N
```

◊ ARINSAL     ◊ DAVOS     ◊ OKEMO

◊ ASPEN     ◊ FOLGARIDA     ◊ POWDER-HORN

◊ AVORIAZ     ◊ FULPMES

◊ BRAND     ◊ SEEFELD

◊ CERVINIA     ◊ JACKSON HOLE     ◊ SNOWBIRD

◊ CLAVIERE     ◊ KUHTAI     ◊ WAIDRING

◊ LA THUILE     ◊ WOLF CREEK

## 12    Explorers

| | | | |
|---|---|---|
| ◊ ALBANEL | ◊ GILES | ◊ OXLEY |
| ◊ BURTON | ◊ GRANT | ◊ ROGGEVEEN |
| ◊ CARTIER | ◊ JANSZ | ◊ SPEKE |
| ◊ DE SOTO | ◊ KOZLOV | ◊ STADEN |
| ◊ FRASER | ◊ LEICHHARDT | ◊ WAFER |
| ◊ FROBISHER | ◊ NANSEN | ◊ WALKER |

## 13    Fishing

```
O D C E S A R E E T R E T
W I I F U I C S T I A B H
U U M R A A D R N E S C U
S Q R E R E B E D E T R G
T S O T J S L L C A R L G
E P W S R C K G C R M S N
N Q G O A O D N D I S E A
N H A N C M U A G H H T L
S C R R S D V T C A A E E
K A G E S T U A R Y R L M
B O M T P D E B D E K L A
F L E A T B S A K C A U N
I T T P R U M C O J S M A
C A Y Z G K A R M E S N D
P A R P C M S S T A O L F
```

◊ ANGLERS     ◊ FLOATS     ◊ PATER-NOSTER

◊ BAIT     ◊ LOACH

                   ◊ RAGWORM

◊ BARNACLE     ◊ MACKEREL

                   ◊ SHARK

◊ BEACH     ◊ MARKS

                   ◊ SQUID

◊ CATCH     ◊ MULLET

                   ◊ TRACE

◊ ESTUARY     ◊ NETS

                   ◊ TROUT

# 14    In the Shed

```
P A R F I S S E K K E S P
W I L P E B D B X K L H A
N A C L I O U O S N T E S
G N S B C C B T L I S P T
P T J W K L R N E R E A V
A K A E O I B D V B R V L
H I T O N B E U O M T A E
F L T G E M D C H W D L I
R L S U O I E H S D A E E
B E D K B Z A A E R N W F
D R M B C A U R E H H O I
D V L M S A I C Y N C R R
V E E D A P S O I Y I T F
R E P P O H C A V C X W E
U M B E L A C L A U S G T
```

◊ ANT KILLER      ◊ HAMMER        ◊ SPADE

◊ BOW SAW         ◊ LADDER        ◊ STRING

◊ BUCKET          ◊ OILCAN        ◊ TOOLBOX

◊ CHARCOAL        ◊ SACKS         ◊ TRESTLE

◊ CHOPPER         ◊ SHOVEL        ◊ TROWEL

◊ DIBBLE          ◊ SIEVE         ◊ TWINE

| | | | | | | | | | | | |
|---|---|---|---|---|---|---|---|---|---|---|---|
| S | A | K | E | G | R | A | S | K | L | A | F | E |
| F | T | L | M | E | R | A | U | P | E | L | N | R |
| I | R | U | P | A | R | E | M | R | I | O | R | E |
| N | V | I | Y | D | P | W | E | P | U | R | E | F |
| C | P | T | Y | V | K | G | H | N | S | O | L | F |
| H | A | O | F | N | E | D | I | M | E | Y | L | A |
| C | O | O | P | E | R | S | A | S | A | R | E | H |
| A | A | H | S | F | T | N | A | R | E | O | K | S |
| R | E | S | O | A | S | K | R | N | K | G | S | F |
| T | A | N | J | F | H | O | O | F | T | E | A | N |
| P | D | V | I | A | W | A | J | T | K | T | E | R |
| A | B | E | Z | E | R | F | N | C | S | R | K | C |
| G | L | S | A | R | S | T | E | D | T | Y | O | V |
| D | E | L | O | O | T | O | S | G | K | D | D | T |
| H | P | C | U | S | H | I | N | G | J | E | T | E |

◊ COOPER      ◊ HANDKE       ◊ SEEGER

◊ CUSHING     ◊ MANSFIELD    ◊ SHAFFER

◊ FALK        ◊ O'TOOLE      ◊ SKELLERN

◊ FINCH       ◊ PIPER        ◊ STUYVESANT

◊ FONDA       ◊ ROGET        ◊ TORK

◊ GREENE      ◊ SARSTEDT     ◊ YARROW

# 16    Starting "FOR"

```
D D A E H E R O F O R E S
L L E T E R O F O R K E D
U N F O R S S E R T R O F
F O R M L E S S M R O F O
E G N S B M I L E R O F R
C E S O R S F P D R O R C
R F R Z B O P Y G F K I F
O O F O R C T E O R M P O
F R H B W I D R F R F R R
R I A G U S S F O R O N L
H D E T R N R F G B R A I
E N R A W E R O F A M D B
R O M A U R S A F R U L R
F O R G N O M E O L L J O
T S E R O F A F O R A E F
```

◊ FORBADE        ◊ FORETELL       ◊ FORMIC

◊ FORCEFUL       ◊ FOREWARN       ◊ FORMLESS

◊ FOREHEAD       ◊ FORGED         ◊ FORMULA

◊ FORELIMBS      ◊ FORKED         ◊ FORSWORE

◊ FORENSIC       ◊ FORMAL         ◊ FORTRESS

◊ FOREST         ◊ FORMED         ◊ FORTUITY

# 17    "HIGH" and "LOW"

```
H I G H S E C Y E W O L N
J H I G H S E A S E O G L
K H I G H K T L O W E N A
P C A G W M O Y H G N I R
W A I O H W A L L O M T I
O H L K T W O R O S U U M
L O I I H W I N W S V L D
O O D G P G H R G A L A A
W E I O H G I G E M O F H
W H I C I M I H A W W H G
A N H H F H I Z R O L G I
T H I G H I S N Z L I I H
E F I L H G I H D S F H O
R D N A L W O L I E E A L
T W P H L O W L O A D E R
```

◊ HIGH
  ADMIRAL

◊ HIGH KICK

◊ HIGH LIFE

◊ HIGH NOON

◊ HIGH SEAS

◊ HIGH WIRE

◊ HIGH-
  FALUTING

◊ HIGH-MINDED

◊ HIGHWAY

◊ LOW GEAR

◊ LOW LIFE

◊ LOW MASS

◊ LOW POINT

◊ LOW TIDE

◊ LOW WATER

◊ LOW-KEY

◊ LOWLAND

◊ LOW-LOADER

# 18    Prisons

```
S A M E N I N U M E S Y L
K I R K H A M M I F H B L
E A R U T J M H O T O N E
S R Y D H K Y L A S A A W
P Z I I Y T M E O K L R E
A P P K N E R P L H O O H
K O Y T A O T A Q S A W F
R L E T S B D I T K I E V
Y U L L N H R N S R S R C
T N N T R O G A E P O Q F
U S A P T O M L Y R A P W
B K T X D O D U D I G C U
X Y S Y V Z M E A A D T A
Y J E D A M O Y O E N S R
V E R F D L F N W V B I I
```

◊ BEAUMONT

◊ BUTYRKA

◊ DIYARBAKIR

◊ EL RODEO

◊ FOLSOM

◊ GLDANI

◊ GRENDON

◊ HEWELL

◊ HOA LOA

◊ HOLMAN

◊ KIRKHAM

◊ POLUNSKY

◊ PORT ARTHUR

◊ RANBY

◊ RISLEY

◊ STANLEY

◊ STYAL

◊ WYMOTT

# 19    Books

```
W S O G N N O O R Y V T K
Y M T Z N C A Y A E Y X B
X R M U L I I V W L R E T
T H A E D Q D P D O E T A
E O V R T Y E N R V T Y N
E O L K B A P R E P S H B
N M F P B I O T F L Y P N
M E U E R H L I O E M A N
O S F L B E C N A M O R A
J T T I O T Y R L S E G E
O U B S I V C E E V E O S
O L W O L N N P A V M I P
E W N Y N F E A J Z I B A
S T T C F C F P F C R E F
K E Y I N G A L E W C H W
```

◊ BIBLE  
◊ BIOGRAPHY  
◊ CRIME  
◊ ENCYCLO-  
  PEDIA  
◊ ENDING  
◊ FICTION  

◊ HORROR  
◊ LIBRARY  
◊ MYSTERY  
◊ NOVEL  
◊ PAPER  
◊ PLOT  

◊ REVIEW  
◊ ROMANCE  
◊ STUDY  
◊ TEXT  
◊ TOME  
◊ VOLUME

# 20    Cats in the Wild

```
C V J M L E T A A I N T W
O K A R A A P E M G B A S
U R V M C A Z R O U Q C F
G V I D E A F L L G P E C
A L N F R H D U A R P L A
R A S E F E A M R B R G R
S A G N N A M T A M B N A
O I A C I D K A E R S U C
T M A P W M R Q R E G J A
O T K S E R V A L B H A L
L C D O A P R T P Z L C Y
E E L S D T A C B O B E U
C J A Y K K A Y E T E T D
O D D E T O O F K C A L B
R A U G A J H D A P D O O
```

◊ BLACK-
  FOOTED

◊ BOBCAT

◊ CARACAL

◊ CHEETAH

◊ COUGAR

◊ GOLDEN CAT

◊ JAGUAR

◊ JUNGLE CAT

◊ KAFFIR

◊ KODKOD

◊ LEOPARD

◊ MARBLED

◊ MARGAY

◊ OCELOT

◊ PUMA

◊ SAND CAT

◊ SERVAL

◊ TIGER

# 21    Baking a Cake

```
N R K N O R E N P F T E V
C E S S I T F E L R E R G
R T Y C A R R O E A O U K
E A M D U L U A D H S T W
A W I I T R U R Y E J X T
M C T S Y Z P T I P F I S
C O O L I N G R A C K M H
B A K H F N R R N P A D I
M A B D A E S U I B S S L
T G Y B H G N I T A E B W
C U P C A K E S F A N L F
O N E Y D G P U A L E W E
Y V L P G O E G O F S O R
I H E S O M N A L V L B A
S L P N A V O R A W J Y K
```

◊ BEATING

◊ BOWL

◊ CHERRIES

◊ COOLING RACK

◊ CREAM

◊ CUPCAKES

◊ EGGS

◊ FLOUR

◊ FRUIT

◊ LOAF TIN

◊ MIXTURE

◊ OVEN

◊ RAISINS

◊ SPATULA

◊ SPOON

◊ SUGAR

◊ TRAY

◊ WATER

# London

```
F  S  F  L  L  E  I  C  P  W  N  E  M
F  R  A  H  W  Y  R  A  N  A  C  C  M
Z  L  S  I  Y  H  R  I  A  F  Y  A  M
G  O  C  U  T  T  Y  S  A  R  K  E  B
N  Y  E  L  I  A  B  D  L  O  H  L  I
A  P  H  P  A  T  O  N  E  C  W  T  G
C  A  Q  L  T  H  E  E  A  P  Y  P  B
I  L  X  A  A  R  S  M  H  B  A  H  E
B  L  T  M  W  L  D  O  U  R  A  R  N
R  M  X  B  R  E  A  R  H  R  E  A  K
A  A  Z  E  N  T  N  D  R  O  Y  Z  P
B  L  A  T  I  P  S  O  H  S  Y  U  G
F  L  A  H  L  F  D  Y  S  O  A  Z  K
R  C  H  E  L  S  E  A  G  R  F  E  O
E  S  B  A  C  I  M  A  F  E  P  E  S
```

| | | |
|---|---|---|
| ◊ BARBICAN | ◊ CHELSEA | ◊ LAMBETH |
| ◊ BIG BEN | ◊ CUTTY SARK | ◊ MAYFAIR |
| ◊ CABS | ◊ EROS | ◊ OLD BAILEY |
| ◊ CAMDEN | ◊ GUY'S HOSPITAL | ◊ PALL MALL |
| ◊ CANARY WHARF | ◊ HARRODS | ◊ SOHO |
| ◊ CENOTAPH | ◊ HYDE PARK | ◊ TYBURN |

```
C D A R E T U O H C T I P
H H T T V P C R D A R L R
L L A B O W T D L W U R Y
U L R N L B I G E O S W G
P I U D G R S W I R H A L
U P N W T E F A F H O R U
R A D D F A U L N T R N H
B T O P H E D P I L T M F
D G W I O P E P A P S O N
B U N C M G E E M X T O A
A K G K E S T P T C O N S
T R X O R S O V P O P S D
T T K F U A S T E E L H E
E L S F N T M E L U R O M
R E L G N I S S O O N T S
```

◊ BATTER     ◊ INFIELD     ◊ RUNDOWN

◊ CHANGE UP     ◊ MOONSHOT     ◊ SHORTSTOP

◊ DIRT DOG     ◊ PEPPER     ◊ SINGLE

◊ DUGOUT     ◊ PICKOFF     ◊ STEAL

◊ GLOVE     ◊ PITCHOUT     ◊ THROW

◊ HOME RUN     ◊ PLATE     ◊ TWO-BALL

## 24  On Vacation

```
G S A G G N I T U O U E E
N P U I S M T B E R A E M
O A P A R T M E N T A E B
I M E S U P S V U P T S I
T O M S P C O Y I N X I K
A U N U G P T R E E U E I
N Y I P U H B G T J W W N
I P A O C G A G A T A S I
T Z R A F L E W C O A C H
S G E L E T O H P S U C E
E B M V T A Y W I A S K D
D H A U E L P V E X R E I
N R C H A R R E I S A A U
T U N O I S R U C X E T G
E R O T A R E P O R U O T
```

◊ AIRPORT

◊ APARTMENT

◊ BEACH

◊ BIKINI

◊ CAMERA

◊ COACH

◊ DESTINATION

◊ EXCURSION

◊ GROUP

◊ GUIDE

◊ HOTEL

◊ MAPS

◊ OUTING

◊ TAXI

◊ TOUR OPERATOR

◊ TRAVEL AGENT

◊ VIEWS

◊ VISA

## 25    Let's Talk

```
A L I M K V T E A O R Y E
S A Y A L O U D W E R G L
Z H X I R E P R E S E N T
V K O R P H K U Z H C C T
V J A L X D A G C R I O A
L P P L D X B R Q E T N T
P O N T I F I C A T E F H
H B S E G G O E B N P E R
N H C A O R B R W A G R V
E I I I S Y E H T B N U T
L J A O S W I M H H W M E
B O E L I S P G M R N R C
B V Z H P Y L B B A G U T
A U T E R X P V S E Y M R
G T R A P L E C T U R E Y
```

◊ BANTER          ◊ HARANGUE          ◊ RECITE

◊ BROACH          ◊ HOLD FORTH        ◊ REPRESENT

◊ CONFER          ◊ LECTURE           ◊ SAY ALOUD

◊ EXPLAIN         ◊ MURMUR            ◊ TATTLE

◊ GABBLE          ◊ PARROT            ◊ WHISPER

◊ GOSSIP          ◊ PONTIFICATE       ◊ YAMMER

**Rhyming Words**

```
T E J A S W K Y P E E L S
E E R V O O D O O E L M T
N M P L G T A C E A L E M
I T K E B W O Z M Z L W A
T I I W E O U L U Z A A E
W O A P K K L O Z Y B L N
I S H B C A O A L E G K N
T Y O S P R D A B N A I I
J O A V T E Y W M A R E A
K J N D L O S C D T Y T T
N M K Z Y O P I A N K A N
I E Z O R E D H E A D L I
A A G D W R H O P F C K A
R V A O I J V T G T N I M
E H L T T E S T E J H E E
```

◊ COOKBOOK        ◊ NITWIT          ◊ TEPEE

◊ FAN-TAN         ◊ PALL MALL       ◊ TO-DO

◊ HEYDAY          ◊ POTSHOT         ◊ VOODOO

◊ JET SET         ◊ RAZZLE-         ◊ WALKIE-
                    DAZZLE             TALKIE
◊ KOWTOW
                  ◊ REDHEAD         ◊ WAYLAY
◊ MAINTAIN
                  ◊ SLEEPY          ◊ ZULU

# 27    Chances

```
S R A I J T R I N L E A S
R A M E G O D S E N D E D
U Z R S C D P H E S D I G
L K A F T O Y E U A U S D
R I K K N N S O N N W A E
F S A J Y E E F B I C I S
R M X R R G O D B W N H T
E E I O A R U M I R X G I
A T F W T N F N X C E L N
K N O U P B D A G F C A Y
U I N J I F U O A L D A K
A E E S A A R Y M U S E F
P O T L U C K E B K L D D
F E L D O O H I L E K I L
Y W P R O V I D E N C E T
```

◊ ACCIDENT      ◊ GAMBLE       ◊ OPENING

◊ BREAK         ◊ GODSEND      ◊ POT LUCK

◊ DESTINY       ◊ HUNCH        ◊ PROVIDENCE

◊ FLUKE         ◊ KARMA        ◊ RANDOM

◊ FORTUNE       ◊ KISMET       ◊ UNFORESEEN

◊ FREAK         ◊ LIKELIHOOD   ◊ WINDFALL

**Ancient Peoples**

```
P N E B M U S Q U E O R Q
M A A N A E I A O R A F G
E K V E D R M O C H E N U
S T V B A N A I D Y L X P
O W I T A T O S K F U W H
P C J T J B A N A P T N O
O H E G T P Y B A H K A E
T G F T N I A L A I Y M N
A H S U Z I H N O N N R I
M A Y A N A K A A N A O C
I W L N G A G I E O I N I
A S E F A A N N V I N A A
N F F X S M U E A C A I N
U B P E I O O L S H O L M
A N E Y N C R R S E S N V
```

◊ AZTEC

◊ BABYLONIAN

◊ FENNI

◊ FUNANESE

◊ GAULS

◊ HITTITE

◊ LYDIAN

◊ MAYAN

◊ MESO-
   POTAMIAN

◊ MINOAN

◊ MOCHE

◊ NABATAEAN

◊ NORMAN

◊ PHINNOI

◊ PHOENICIAN

◊ ROMAN

◊ SHANG

◊ VIKING

```
M S E I E R U H C O R B R
A F H E G T N S U E C E B
P I A N O P U O C J T P C
T N E S E R P E R T V E R
E A D K E A I W E T R F Y
X L P F K P E L D T E S P
L N F R T L L V I N T A T
I O L T B A O F T E O E A
A T A E I U I E C M N V X
M I R F C C J H A E R I R
K C V H A R K S R T E S E
N E E T G M A E D A V S T
U R E H E I V P T T O I U
J F S A I I F P F S C M R
T H E R I N A T F A R C N
```

◊ BROCHURE          ◊ GIFT              ◊ PRESENT

◊ CERTIFICATE       ◊ JUNK MAIL         ◊ RECEIPT

◊ COUPON            ◊ LETTER            ◊ STATEMENT

◊ COVER NOTE        ◊ MISSIVE           ◊ TAX RETURN

◊ CREDIT CARD       ◊ OFFER             ◊ TICKETS

◊ FINAL NOTICE      ◊ PARCEL            ◊ VOUCHER

## 30    Breeds of Cattle

```
A R U Y Y E N R E D L A J
D N K R E S A T O A N B E
P A R R O S I A H I N X N
K G A E E H L I S B E L I
C R I K W L G U A O O J E
A U N L N H O O C N L E T
L K I L L M T K D S S W S
B O A A I O Y O N M T A L
H V N L U E P N B A E L O
S D O G S Z D D A R I T H
L D M R H S I E E A N R R
E U E B Y O V T A R L T A
W J I V P A R H E R E N S
D T V N O F A N I B M A F
S D A N G N T H A R K E C
```

◊ ALDERNEY     ◊ HIGHLAND     ◊ LONGHORN

◊ ANKOLE       ◊ HOLSTEIN     ◊ LUING

◊ BETIZU       ◊ JERSEY       ◊ RED POLL

◊ BONSMARA     ◊ KERRY        ◊ UKRAINIAN

◊ DEVON        ◊ KURGAN       ◊ WELSH BLACK

◊ HERENS       ◊ LIMOUSIN     ◊ WHITE

# 31    Troubles

```
K U R Z E L S S A H P R S
G T E S L A R R B T E L E
D R F R E U E P X F K E R
O I D Y O T Z S Q Z L E Y
H A R D S H I P M G B T A
V L M A E O C A G U H M M
W Y S P D S E U F W I U Y
H I P V Y H R F A O T D T
D S A A I T F U N R C D I
R S M P S H I A C R H L L
H H M V L M C A I Y K E T
Z Y E L L A D N I L B H A
L R L P D C G E U D U T R
B L I G H T R U W R V R L
R E D R O S I D E A C E E
```

◊ BLIGHT

◊ BLIND ALLEY

◊ CHORE

◊ CRUNCH

◊ CURSE

◊ DILEMMA

◊ DISASTER

◊ DISORDER

◊ FAILURE

◊ HARDSHIP

◊ HASSLE

◊ HITCH

◊ MUDDLE

◊ PLAGUE

◊ REBUFF

◊ STRUGGLE

◊ TRIAL

◊ WORRY

```
R E S T A E D N A L S I T
Y N E N D A L J A G Y T O
I N U S K E O M D F O N R
C U Y B S S G T U P B I R
E G O L A T D E A T N L A
K N H Y E S E V I L I F P
O E O P B N I V O U B N N
O B H T E A R N E E A S Y
B H O S E T U U E N C S P
G R E H S L B S A M S K A
O V I E K R E M R B A O R
L R H S T O C K A D E E N
I C A V T T E K S U M J S
B O S B X O V P E R R O B
S E N O B Y L L I B E N D
```

| | | |
|---|---|---|
| ◊ BEN GUNN | ◊ FLINT | ◊ PARROT |
| ◊ BILLY BONES | ◊ ISLAND | ◊ SEAMEN |
| ◊ BRISTOL | ◊ LIVESEY | ◊ SKELETON |
| ◊ BURIED GOLD | ◊ LOGBOOK | ◊ STEVENSON |
| ◊ CABIN BOY | ◊ MUSKET | ◊ STOCKADE |
| ◊ CHEST | ◊ MUTINY | ◊ YO HO HO |

## 33    Vitamins and Minerals

```
N  A  M  S  U  R  O  H  P  S  O  H  P
A  I  N  S  T  V  A  T  O  N  I  U  M
D  D  T  E  S  E  N  A  G  N  A  M  P
M  V  E  O  U  R  V  Y  O  O  T  B  L
O  C  G  R  I  R  E  F  E  R  A  S  I
L  E  M  I  M  B  I  P  Z  I  B  S  N
Y  N  K  U  P  I  P  N  P  I  R  O  O
B  I  R  X  I  V  N  R  S  O  N  P  L
D  D  C  G  E  N  I  L  O  H  C  C  E
E  O  M  A  G  N  E  S  I  U  M  I  I
N  I  C  A  L  O  F  L  T  P  S  T  C
U  P  K  D  T  C  T  R  E  C  C  R  A
M  E  N  I  M  A  I  H  T  S  A  I  C
A  A  S  T  E  R  A  U  I  R  N  N  I
A  B  E  R  A  Y  R  O  M  O  V  L  D
```

◊ ADERMIN

◊ ANEURIN

◊ BIOTIN

◊ CALCIUM

◊ CHOLINE

◊ CITRIN

◊ COPPER

◊ FOLACIN

◊ IODINE

◊ IRON

◊ LINOLEIC
  ACID

◊ MAGNESIUM

◊ MANGANESE

◊ MOLYBDENUM

◊ PHOSPHORUS

◊ SELENIUM

◊ THIAMINE

◊ ZINC

# 34    "T" Words

```
Z U T E D Y T A Y E R A T
A T O R N A D O H P T I E
P C I T E R S F S T Y A Y
O H E E S S A H A L L A T
T A I T I H A T R N O A E
U W O R R O M O T E S Y V
T E R I Y A J O T A N F I
H A K O Y M M A C R E U T
G T T B T A D P O L E E A
U A U Y T Y D H O E T P K
A T N O P L T S C L B R L
T E L E P H O N E K I S A
G N I T S A O T D U A N T
A Y T I C I X O T U T E E
T E R Y C T A I N P S M T
```

◊ TADPOLE         ◊ THIRD         ◊ TORNADO

◊ TAHITI          ◊ THORNY        ◊ TOXICITY

◊ TALKATIVE       ◊ TOASTING      ◊ TRAMPOLINE

◊ TALLAHASSEE     ◊ TOMATO        ◊ TRASHY

◊ TAUGHT          ◊ TOMORROW      ◊ TUESDAY

◊ TELEPHONE       ◊ TOPAZ         ◊ TYPHOON

# 35    "AL" at the End

```
C P S L A M S I D A L D L
D O E E A L L A E J A A M
R R I X P A A O A O E S L
L B L N R A S A L Y Z A L
A I A I C R L A A T U P A
I T V I A I A L Y T O J N
R A R L L A D M C R F G O
E L A C I H T E T A L T I
T R L A G E L U N U A R T
S L A F S L G L A T E D P
I A L D E A A L L N A L E
G E O T L B C C A R N L C
A W N A I T W L I C Z J X
M I E R L A U A L A O A E
L A T W L A U S I V L V L
```

◊ COINCI-
DENTAL

◊ DISMAL

◊ ETHICAL

◊ EXCEPTIONAL

◊ GLACIAL

◊ INTELLEC-
TUAL

◊ LARVAL

◊ LEGAL

◊ MAGISTERIAL

◊ ORBITAL

◊ PORTUGAL

◊ RENAL

◊ SEPAL

◊ TRIBAL

◊ VIRAL

◊ VISUAL

◊ VOCAL

◊ ZEAL

## 36   Military Leaders

```
R Y O J N B A P P I R G A
A X S I Q U S P J B R N N
D U S S T U D E N T G I R
E A Y C V O M O N C E D S
T S E B R F H K E T P W G
Z A L L E N B Y S N J O P
K I S I J V E N O K I D A
Y G E M M E E J M K K T Q
G U L F F L T Y I L W R Z
I D L E L G R A N T E O B
A E E A D K N L G D N T U
H R W L J O N C D N V O L
E I F H C M M E B P I B V
X A I R E I T L A G J W W
W N O G O N D Y C R C P O
```

◊ AGRIPPA          ◊ GRANT          ◊ SLIM

◊ ALLENBY          ◊ GUDERIAN          ◊ STUDENT

◊ DOENITZ          ◊ HAIG          ◊ TEDDER

◊ DOWDING          ◊ KONEV          ◊ WALLENSTEIN

◊ EL CID          ◊ MODEL          ◊ WELLESLEY

◊ GALTIERI          ◊ RADETZKY          ◊ WINGATE

# 37   Earthquake

```
P E C N E L O I V R C Q M
D D Q J A G I G I V H T T
F O C U S H A N R D M S J
R M C P A S V M I P P U E
E I R H K K S A A S O R S
T Y T P F K E E E D U C K
H J G L C M U R R T N B A
C A T R U R I H P T Z G E
I C Z J E F A U L T S D L
R F R A U N R C M S V X S
N E F O R C E S K X T E A
X W B U P D I O F S T W G
K E L A G E K P F A C Z U
N N P J S V Q L L C V Z U
D L A V A E H P U W T W W
```

◊ CRACKS          ◊ FOCUS          ◊ RICHTER

◊ CRUST           ◊ FORCES         ◊ RUPTURE

◊ DAMAGE          ◊ GAS LEAKS      ◊ SEISM

◊ ENERGY          ◊ HAZARD         ◊ STRESS

◊ FAULTS          ◊ PLATES         ◊ UPHEAVAL

◊ FIRES           ◊ QUAKE          ◊ VIOLENCE

| D | G | N | E | C | W | Z | C | Y | U | E | E | D |
|---|---|---|---|---|---|---|---|---|---|---|---|---|
| T | L | H | G | G | F | O | Z | R | D | R | R | P |
| S | O | I | N | U | R | P | M | D | E | O | G | R |
| O | Y | D | B | Q | T | A | K | L | N | D | N | O |
| P | A | H | V | R | W | T | H | O | L | Z | I | J |
| K | L | W | O | O | A | O | D | C | F | T | D | T |
| C | T | D | L | I | W | R | H | U | K | E | S | U |
| B | Y | L | S | W | Y | A | Y | Y | K | N | O | F |
| E | E | U | T | Y | P | T | N | U | T | Y | A | Y |
| Y | L | D | T | R | M | O | N | Z | K | L | V | B |
| T | U | I | O | P | U | P | L | N | R | W | W | I |
| R | I | S | F | U | U | M | A | L | U | W | Y | T |
| A | U | M | X | N | A | H | P | T | I | F | G | B |
| P | K | K | E | C | T | D | V | U | H | N | P | R |
| K | U | A | B | H | V | I | E | Y | Q | Y | G | L |

◊ BANK        ◊ LOYALTY        ◊ TAROT

◊ CHARGE        ◊ PARTY        ◊ THANK YOU

◊ CREDIT        ◊ POLLING        ◊ TIME

◊ DONOR        ◊ POST        ◊ TRUMP

◊ FILE        ◊ PUNCH        ◊ WILD

◊ LIBRARY        ◊ SYMPATHY        ◊ YELLOW

# 39   All Together

```
D X E W D R Z Q F K D F W
R F N N K Y A J P C C R D
E M A Y T K K M A Y L A L
H C T R U E R S R N B U P
Y R A W J O M A T A F G B
N P M V Y F C T N G W N O
A X G W Y Z C D E T M S N
P Q B M A E T I R A F R U
M P J W L D Y A S H C E H
O P I L E F I S H T L H C
C R O T X K Y H I H U T T
Z C I I W M M L P M S A A
C N Y H P E P U O R T G B
U P X V R O R Q Y A E A W
K O Y T F G L C M K R L W
```

◊ BAND          ◊ CREW          ◊ PARTY

◊ BATCH         ◊ GATHER        ◊ PILE

◊ CLUB          ◊ HERD          ◊ SWARM

◊ CLUSTER       ◊ MASS          ◊ TEAM

◊ COLLECT       ◊ PACK          ◊ TROUPE

◊ COMPANY       ◊ PARTNERSHIP   ◊ UNITED

```
S M J E V N O S N R T N D
U I U E E X A R E G W Y Y
R S V D L Z C I V S V F U
U I E W N B S I C I O S H
C L N E C U T W L U U M B
I L A G T R P A B N L Y I
P A L I U N D E I N I A S
E G C V A N O M Q U V M W
N A I W Z X E H O M E R B
T U L O N G U S P H T Q A
S P V I R G I L N O S L S
L I D I P H I L U S N Y W
D Y A I U J O W D W F E Y
P S E D I P I R U E Q S X
N D X J E Q S A P P H O D
```

◊ AGALLIS
◊ DEINIAS
◊ DIPHILUS
◊ EPICURUS
◊ EURIPIDES
◊ GEMINUS

◊ HOMER
◊ JUVENAL
◊ LIVY
◊ LONGUS
◊ LUCIAN
◊ MOSES

◊ OVID
◊ SAPPHO
◊ TACITUS
◊ VIRGIL
◊ VITRUVIUS
◊ XENOPHON

## 41     So Good

```
X  V  J  P  L  S  Y  H  T  L  A  E  H
B  I  G  N  I  S  A  E  L  P  C  Y  R
R  G  V  K  B  L  P  G  D  I  R  C  A
E  O  G  P  J  Y  N  K  T  O  K  F  S
P  R  P  E  F  I  R  S  T  R  A  T  E
U  O  Q  R  K  T  A  C  V  U  R  F  P
S  U  V  C  O  T  A  F  E  A  O  A  U
X  S  A  S  N  F  G  R  E  A  T  B  S
O  R  Z  A  S  D  I  Q  V  A  V  U  U
C  I  F  I  R  R  E  T  Z  T  I  L  P
S  Y  T  A  D  E  Q  U  A  T  E  O  E
P  A  S  S  A  B  L  E  A  B  E  U  R
S  N  C  D  S  T  H  B  J  M  L  S  I
X  T  N  A  I  L  L  I  R  B  Z  E  O
T  N  A  S  A  E  L  P  R  C  N  E  R
```

◊ ADEQUATE

◊ BRILLIANT

◊ CRACKING

◊ FABULOUS

◊ FANTASTIC

◊ FIRST-RATE

◊ GREAT

◊ HEALTHY

◊ PASSABLE

◊ PLEASANT

◊ PLEASING

◊ PROFITABLE

◊ SATIS-
   FACTORY

◊ SUITABLE

◊ SUPERB

◊ SUPERIOR

◊ TERRIFIC

◊ VIGOROUS

```
C M E E R I D L P F R P S
K U L K N A R F E V T F H
C E R K O Z O P U N F G W
V L G I E F B V A W A O Z
E A I G E A R X S N R H R
F G N N R S R A D J C M C
I N E D T U L H H U E T Q
R I O M G O I S A X N I F
A T R S M Y N W S R O E I
H H N E N E C A H F T C K
A G O S J H P Q E E S B G
T I M C P P O V L A L D A
A N D N H I D J L V L H R
M T S O E F H L E U O S B
H I R I E M N Y Y L W A O
```

◊ BARDOT

◊ CHANEL

◊ CLINTON

◊ CURIE

◊ EARHART

◊ FRANK

◊ GANDHI

◊ GARBO

◊ JOHNSON

◊ MATA HARI

◊ MEIR

◊ MONROE

◊ NIGHTINGALE

◊ SALOME

◊ SAPPHO

◊ SHELLEY

◊ WOLLSTONE-
CRAFT

◊ YOUSAFZAI

# 43    Puppets

```
Q S L W J A D N G A A V Y
Y K H C G U D I X R E C K
K O E L X O D R O W L F R
N F H R D C N Y W J Q N E
I O P M M E V Z Z S K O P
P Z M T A I L Q O G M O Z
V Z U J S J T Z U L C S J
V I I C N S Z Y E G A W S
L E R R I Y S A W L A D Y
F B T G Y M G Z G L D M F
A E N T I M L S D B J A F
R A Q L R L I O O S S G U
F R E X E E R T H O Y V L
E Y Y T O F B M C O T J F
L M E Z C N U U X H N Y B
```

◊ BERT          ◊ GUY SMILEY      ◊ ROWLF

◊ ELMO          ◊ JUDY            ◊ SOOTY

◊ FARFEL        ◊ KERMIT          ◊ TRIUMPH

◊ FLUFFY        ◊ MITCH           ◊ VIRGIL

◊ FOZZIE BEAR   ◊ PERKY           ◊ WALDORF

◊ GONZO         ◊ PINKY           ◊ ZELDA

## 44    Home Brewing

```
D W J Y M C D F H A V S S
Q W D B A T R W I T T D C
Q C T S L A A L T L O R J
Z Y K L T E G C S F T R D
T T E E V E U R R V I E F
A E H I G D S B O M F F R
S X W E D S D K G U P K C
M D D M R Z I P A S N H M
L K V H E M T R S T P D A
Y T B K E U O B F K H K S
H E U S B M O M U V R R H
F T A O A P X W E N E O N
H A M S T S O H N T G A C
Q U W B T S K Z A N E C H
M L Z J F S F W C N Q R N
```

◊ AROMA

◊ BEER

◊ BUNG

◊ CASK

◊ CORKS

◊ FILTER

◊ FROTH

◊ GROUNDS

◊ KEGS

◊ LEES

◊ MALT

◊ MASH

◊ MUST

◊ STOUT

◊ SUGAR

◊ THERMO-
  METER

◊ WATER

◊ YEAST

## 45    Rivers of the World

```
G T P S E T A R H P U E R
S E O T F J T H R D Y R O
A X R V S M M H A O P C H
A B B H T L I E S R Y T V
R D E D T N R U R D W V W
N I L E E K D W I O T G J
M A C K E N Z I E G U U U
V O F H I Z N P E N Y H S
A Z E E X R O N Q E R M R
A Y Q B E R Y I Y U G T E
N B V V U T Q Q H E Y N D
E F E O G N I R T O O Q N
L S D V L W A I X H D Q I
I V R C A G U D R M M S L
T C M U J K A N Y D N W F
```

◊ DANUBE          ◊ INDUS          ◊ RHONE

◊ DORDOGNE        ◊ LENA           ◊ RUHR

◊ DOURO           ◊ MACKENZIE      ◊ SAAR

◊ EBRO            ◊ NILE           ◊ SEVERN

◊ EUPHRATES       ◊ OHIO           ◊ TYNE

◊ FLINDERS        ◊ RHINE          ◊ VOLGA

# Sports and Games

```
F R K O T D L V L U M C G
L T U B E P L C H O N I N
O D G G L E A P F R O G I
G O N U B P B O R G M P R
J M D G C Y T Y X C P S E
B I E U Y J E S H N C M E
P N L A Z K K E H O L U N
Y O L L C Y S D H T C O I
G E Y O R S A H U A D P A
R S H D F J B O R B O C T
O T T O L O D D D E M T N
V Y P Z X A S F L U X G U
A L A C R O S S E K L N O
G Q G T C Z A G S C A V M
R R S T H G I E W Y L F I
```

◊ BASKETBALL

◊ BATON

◊ CARDS

◊ CHESS

◊ DARTS

◊ DOMINOES

◊ FLYWEIGHT

◊ GOLF

◊ HOCKEY

◊ HURDLES

◊ LACROSSE

◊ LEAPFROG

◊ LOTTO

◊ LUDO

◊ MOUN-
    TAINEERING

◊ POOL

◊ RELAY

◊ RUGBY

```
I  M  F  F  Z  T  U  M  W  E  D  G  E
N  H  L  Q  O  S  U  Y  M  E  G  F  S
G  O  I  B  L  A  P  C  S  V  K  L  V
R  H  C  I  O  O  Q  R  F  U  R  A  T
E  G  C  H  R  F  E  C  N  F  A  H  D
D  E  I  T  U  V  L  U  M  P  O  P  L
I  R  I  W  Q  N  T  A  R  C  U  Q  B
E  O  S  F  T  E  K  X  K  K  R  R  Y
N  T  N  E  M  T  R  A  P  E  D  V  T
T  X  I  E  W  Z  Z  X  T  T  X  J  F
T  O  P  X  L  C  D  R  T  H  B  D  M
E  W  P  R  H  P  A  B  M  U  R  C  L
C  O  E  M  S  U  M  H  W  A  W  I  T
S  S  T  J  Q  V  P  A  H  C  M  Q  M
K  D  N  O  P  F  C  S  S  B  M  B  Q
```

◊ CHUNK       ◊ LIMB       ◊ SHARD

◊ CRUMB       ◊ LUMP       ◊ SLICE

◊ DEPARTMENT       ◊ OFFCUT       ◊ SNIPPET

◊ FLAKE       ◊ PORTION       ◊ TWIG

◊ HALF       ◊ QUARTER       ◊ VERSE

◊ INGREDIENT       ◊ SAMPLE       ◊ WEDGE

```
U B S T E D P V X K K S Q
H A D V U R T H R L G U K
A E H O Z X O R T O I W K
R M D S B U O M X D I D N
R F D W Y O C Y D Z C I W
Y A F A I S G I A U L Z H
P T U L X G T R H B P O G
O T H D C C D M O T H S J
T E D B H Y H G U D M M D
T L E E Q B L E A N U V U
E O R A M B N K V L G T S
R I R M O O N D E W G O O
T V I I T D K X R A L N S
Y W C S O V J J Y M E K J
C B K H O G W A R T S S M
```

◊ AVERY

◊ BOGROD

◊ DERRICK

◊ DOBBY

◊ GOBLIN

◊ HARRY POTTER

◊ HEDWIG

◊ HOGWARTS

◊ MOONDEW

◊ MUGGLE

◊ OSWALD BEAMISH

◊ QUIDDITCH

◊ SPUDMORE

◊ ST MUNGO'S

◊ STONE

◊ TONKS

◊ VIOLETTA

◊ WIZARD

**Animal Words and Phrases**

- ◊ ALLIGATOR CLIP
- ◊ BEAR HUG
- ◊ BIRDBRAIN
- ◊ CASH COW
- ◊ CATNAP
- ◊ COLD FISH

- ◊ FOXHOLE
- ◊ FROGMAN
- ◊ LAME DUCK
- ◊ LOAN SHARK
- ◊ LONE WOLF
- ◊ PIGGYBACK

- ◊ PLAY POSSUM
- ◊ PONYTAIL
- ◊ RAT RACE
- ◊ ROAD HOG
- ◊ SCARECROW
- ◊ TOP DOG

```
T T T E S D A E D N S S P
E E E C Z T S E T D E T A
S S K S S A J Z S Y T E R
K L Y E I X L E H G P S T
C L T T S T T B L M I A E
I E F H E U S S A Z E E S
H W S S P T I R E T C T U
T D N O E T M T H T E G O
T U N S C O E T E K T S M
S E J N S T E S E S O L C
L E S E I S Y E R Q M V E
K Q T S T S E T F O R T H
X B G O A S E T B A C K T
E S E A U B E R C O W I E
E T E S L T G T K T E S S
```

◊ BASSET     ◊ MOUSETRAP     ◊ SETBACK

◊ CLOSE-SET     ◊ SET ABLAZE     ◊ SETTLE

◊ CORSET     ◊ SET FORTH     ◊ SUNSET

◊ DEAD SET     ◊ SET OUT     ◊ TEA SETS

◊ JET SET     ◊ SET PIECE     ◊ THICKSET

◊ MARMOSET     ◊ SET UPON     ◊ WELL-SET

## 51    Parties

```
C O U M E T R M B T U D G
H I A G C C J H Y S C I E
E M L R M O N A F E O A P
N V F O Y L D A L B W K D
N T E L R H K E D P D U R
I V T S T F B Q M G H K E
G C E R R L A I C O S V
H J I N A A C I N C I P E
T B B T O X E O A G O D L
C T I A S I I Y F S G S R
D O N P S S N C W A S O Y
N W R I A H G U R E R A N
P E A C Z A K D E A N S W
E X C O L S E Y V R K J I
G O Z A S N J E X L A L A
```

◊ BASH

◊ BIRTHDAY

◊ CELEBRATION

◊ DANCE

◊ FETE

◊ FROLIC

◊ GALA

◊ GARDEN

◊ HEN NIGHT

◊ NEW YEAR'S
   EVE

◊ OCCASION

◊ PICNIC

◊ RAVE

◊ REUNION

◊ REVELRY

◊ SOCIAL

◊ SPREE

◊ WASSAIL

# Discreet Words

```
N M O A X O T T N Q M L G
R M B M S Q H I U D H B V
L P N E T A C I L E D P K
D E V R E S E R D M R L T
Y C L V Q T A C E U M A T
C H D U W T I U D R I U T
L U B W F T Q E R E G H R
N U A D I E N M A L O S E
N R F L V T R X U U S E T
Y M O D E S T A G N M N I
C P G R E X Z H C R K S R
C L O S E E T Y S Y I I I
O D R Z L F H D W D E B N
Y U A R U S W I S E G L G
D I H L T S A S B U W E P
```

| | | |
|---|---|---|
| ◊ CAREFUL | ◊ HEEDFUL | ◊ RETIRING |
| ◊ CLOSE | ◊ MODEST | ◊ SENSIBLE |
| ◊ COY | ◊ POLITIC | ◊ SHY |
| ◊ DELICATE | ◊ PRUDENT | ◊ THOUGHTFUL |
| ◊ DEMURE | ◊ QUIET | ◊ WARY |
| ◊ GUARDED | ◊ RESERVED | ◊ WISE |

# 53    Occupations

```
K V B T A H W H R A X R D
R E K C O D R E C Z A O T
X U U L T R F B A R C T M
R N R A Z E M A S O N C Y
E O U B R E A A H J S O V
P I T E H N K Q I O T D T
E I E C N I Z X E D U A Y
E X O T A G T Q R J A N W
K F P R E N R U T C N H R
K W Z T Y E W P N P O E U
O N A O R L A W Y E R L D
O A W A Y I I T J A T K I
B T H O I V T C C U S E D
F B D E L I E I B B A R V
T O U D K C R Q N K V E V
```

◊ ACTOR

◊ ASTRONAUT

◊ BOOKKEEPER

◊ CARER

◊ CASHIER

◊ CIVIL
  ENGINEER

◊ CLOWN

◊ DOCKER

◊ DOCTOR

◊ LAWYER

◊ MAID

◊ MASON

◊ POET

◊ RABBI

◊ REFEREE

◊ TURNER

◊ VET

◊ WAITER

## 54    Universities

```
D R A V R A H A D G L U O
K H J E Y H Q Z R K C H Z
P A E L U T R E C H T S V
H A F O L Y B L R V M G I
R T I E T L Z L I E L Y R
E L E S E N D E T E H A E
T E E D V X O N S A S Z L
S W I I V A G R O B L A A
E E O Q P O S O O R L T N
H C I R U Z X C T T Z O D
C P U H E H I F O R D Z D
N J A L I F Z G O N O N Y
A O A D B A N G O R N P A
M Y N X U Q R L W O D C I
S Y E D K A X A B W Q I Z
```

◊ AALBORG

◊ BANGOR

◊ BONN

◊ CORNELL

◊ HARVARD

◊ HEIDELBERG

◊ IRELAND

◊ LEIPZIG

◊ LONDON

◊ MANCHESTER

◊ OXFORD

◊ PADUA

◊ PAIS VASCO

◊ PORTO

◊ TORONTO

◊ UTRECHT

◊ YALE

◊ ZURICH

## 55 Native American Tribes

```
O S H O S H O N E O K S A
D X L O D P V R W L A E S
I T O O F K C A L B W N E
Z Y D J X R Y I E E A E L
W B Q H O H G E Q U R C C
N Y F W U I N H E P A A S
H N A R A M N C Q E W I N
M T O N O Y O A R F O E W
W N F H D P T P I U W B X
U I A I A O E A Q S Z U W
I W C W N C T O O C O X W
K L N H R X R O P I Y Z B
X E O U I I A E S S U P X
E Z T F V T A Y E P M J R
I E A V F E A Z W T A W R
```

◊ APACHE      ◊ IROQUOIS      ◊ SIOUX

◊ ARAWAK      ◊ MOHAWK        ◊ TETON

◊ BLACKFOOT   ◊ PAWNEE        ◊ UTE

◊ CREE        ◊ PUEBLO        ◊ WICHITA

◊ CROW        ◊ SENECA        ◊ WYANDOT

◊ HURON       ◊ SHOSHONE      ◊ YUMA

## 56 UK Parliament

```
P A D G I Z S B Z Y C L Z
R P W P E A U E P T Y A E
R U O Z T D S L L I B R N
E B H L G A E Z G R R E H
B S M E I E E L R O E B R
M G T D C C A S L J H I Q
A H Z V Z S Y L T A N L G
H X R E D A E L G M Y N M
C W Y M G C O Y S W I D O
P V C A N V A S S T H W W
Q I O A C D E P T Y I I V
V S H T E C R I M Z R E G
K C Z W E D S A M A T A I
M R I R G S L H W O C B I
E T F J U S N Y M A D E F
```

◊ BILLS

◊ BUDGET

◊ CANVASS

◊ CHAMBER

◊ CHANCELLOR

◊ LEADER

◊ LIBERAL

◊ MACE

◊ MAJORITY

◊ POLICY

◊ RECESS

◊ SEAT

◊ SITTING

◊ VETO

◊ VOTES

◊ WARD

◊ WHIG

◊ WHIP

# 57 Green Things

```
I K Y B J Z T I S G F S C
B X O I L X U X M S C G Y
E Q C C P O R C P G A D R
A R K A O U T A B N E R R
N F T B D H L T Z N J A G
S L I B H U E E A R S P P
E R I A H C S R P M O A E
S J K G Y E N P Q M K R R
B A S E H B A I Z E I T I
I R E S U T C L F J Q Y D
J H U P H Z E L F U N F O
U R L N L A C A G R S R T
I M Q A V W E R D Z F U D
J O W E C N H A N L D T E
L N S I D R A C Y R N V A
```

◊ BAIZE

◊ BEANS

◊ CABBAGE

◊ CARD

◊ CATERPILLAR

◊ CROP

◊ FINCH

◊ FLY

◊ GRASS

◊ LAWN

◊ LEAVES

◊ LIGHT

◊ PARTY

◊ PEAS

◊ PERIDOT

◊ RUSHES

◊ TURF

◊ TURTLE

## 58 "CROSS..."

```
B X X L E G G E D D J A B
N Z L F A O H I E Z N U E
H I Q S K V V C H G O I N
B I E F I I N V H C W C W
I L Y Y S E R I D E T Z Y
N W X I R E V O R M C A M
P S O E K L P W E F Z K P
S N F Z D I Z W S S M S I
E E I B M N R W S Y N G E
R C N M V K I D E R O N C
S I Z O R S A E R J I I E
J X C T B O T D M B T T U
Z Q O T R Z G J P C C A L
W W P W J G R A I N E D J
N E C W U V Q H H I S P F
```

◊ BILL          ◊ GRAINED       ◊ PIECE

◊ BONES         ◊ INDEX         ◊ REFERENCE

◊ CHECK         ◊ LEGGED        ◊ ROADS

◊ DATING        ◊ LINKS         ◊ SECTION

◊ DIVISION      ◊ OVER          ◊ TOWN

◊ DRESSER       ◊ PATCH         ◊ WIND

# 59    "MAKE…"

```
A O P M S U S X W Y A X D
N Q P S S W K G Y F G L E
E W O U E E J N U O O E Y
X Q Y Q R N K S J B Q A E
I D Q C U R S G Z H W A S
T R A T S H S E R F A U A
M E D P I X A O C E Q N T
D E N R Z C I S E T A J S
N R D Q Z J I R T F O D T
G S O M U C H O F E X Z Y
R T E G M I Q D G S T O W
E E Q V V O R Q H D S W B
T V V C A Z N I A Y O S T
J P U O H W F E E X E O G
E C A E P T Z J Y S T N G
```

◊ A FRESH START

◊ A FUSS

◊ AN EXIT

◊ BOLD

◊ ENQUIRIES

◊ EYES AT

◊ GOOD

◊ HASTE

◊ MONEY

◊ MUCH OF

◊ OVER

◊ PEACE

◊ READY

◊ SENSE

◊ SHIFT

◊ SURE

◊ WAVES

◊ WAY

**Mountain Ranges**

```
E O K H H Y G A T B F E B
E P S S A P Z X C M R A R
N N S I K S A S I V A D E
A T T W H F U L E M R A C
K N I E I D J S M R A M O
O I H L B P N G A Z B A N
K R A I I I R N E C M N B
G H A P N H O E X F U T E
Y R F N S S S U M A V A A
U K A V K P R B W I B B C
O F C C Y Z A C M G E L O
A D I O G K V M X O V R N
V D W Q R C Y P A M I R S
B M B A C U K V U R I O A
D A G X G S W F L X O R P
```

◊ ADAMANT

◊ AMARO

◊ BRECON
  BEACONS

◊ BVUMBA

◊ CARMEL

◊ CAUCASUS

◊ DAVIS

◊ DICKSON

◊ FANNIN

◊ HALIFAX

◊ KHIBINSKY

◊ KOKANEE

◊ KRAG

◊ LEWIS

◊ PAMIRS

◊ PREMIER

◊ ROCKY

◊ SUMAVA

## Historical Dig

```
T A F F P E J C D R R F W
T Y J L K G R E K A E B B
F M R A O A T X A S B L M
S O E S S E F S N N M R M
H K H Z B Z I L C I A E E
R I U I L N Z O I O H B N
H F S L I O N O E C C P D
C X Y T L R Z T N I L F S
V G D Y O B E D T V A Z C
A B N U C R S D R G I D R
S O K I N I I E Y S R J A
F U V L T B L C L S U K P
U N C E R A O E A E B K E
H I S L N L D W R L T L R
R I O T T A R G L R F S J
```

◊ ANCIENT

◊ BEAKER

◊ BOWL

◊ BRONZE AGE

◊ BURIAL
  CHAMBER

◊ COINS

◊ DATING

◊ END
  SCRAPER

◊ FLINT

◊ GRATTOIR

◊ HISTORICAL

◊ OVEN

◊ RELIC

◊ SITES

◊ SKULL

◊ SPHINX

◊ STELE

◊ TOOLS

## 62 Famous People

```
Y H S K N A B A R Y T M O
V D K D H B N L P G Y S B
O M E B O L R N N E P O N
R R M L D E H I E I L X B
S E E A H C K F K R X E H
J N R C H B N E S W I D I
S F I G B A L A E S D C A
E E L M H E I B O N O K E
L H L E E T L M C P T J L
S H A N I A T W A I N A R
S G G I G R H K D O A Y P
W U A M R Y N E S D N L D
N H S E E B K E A L L E R
L E S I F I M A D O N N A
E Q E H M N A L Y D B O B
```

◊ ANNE RICE

◊ BB KING

◊ BOB DYLAN

◊ BONO

◊ CHER

◊ EMERIL LAGASSE

◊ EMINEM

◊ FERGIE

◊ HUGH HEFNER

◊ JAY LENO

◊ MADONNA

◊ MIA HAMM

◊ MIKE DITKA

◊ PELE

◊ SEAL

◊ SHANIA TWAIN

◊ SPIKE LEE

◊ TYRA BANKS

# 63    African Tribes

```
I D E K H O I K H O I P B
Q S T N U E I G K K S Y Y
A N E D I N K A Z I B G A
L M B A W H A R T O S M V
B T S T Z L I G S N R Y H
O A O A Y F A N G Y O U Y
M W B H L O R S N A T D R
A G L L U H W D O U H I B
Y E R O I T G R J I S C L
S R D V R O O F O X V N L
T A F A R S M N M X L K R
K U H A U S A E A L Q D U
U T T T A E J S R I S L D
T B A S U T O C A U U C E
Z W E P I X S E K Z X D O
```

| | | |
|---|---|---|
| ◊ AFARS | ◊ HAUSA | ◊ PYGMY |
| ◊ BASUTO | ◊ HUTU | ◊ SOTHO |
| ◊ BETE | ◊ KARAMOJONG | ◊ TUAREG |
| ◊ CHAGGA | ◊ KHOIKHOI | ◊ TUTSI |
| ◊ DINKA | ◊ MASAI | ◊ YAO |
| ◊ FANG | ◊ MERU | ◊ ZULU |

## "END" Inside

```
S  D  N  E  E  A  U  A  F  D  N  E  N
M  N  I  T  N  R  R  U  G  W  P  T  D
R  E  D  N  E  R  O  D  N  E  V  R  N
N  R  E  D  P  N  E  A  K  D  N  L  E
M  T  N  F  L  F  D  E  N  D  E  D  L
R  E  G  T  E  N  S  E  S  N  L  D  A
G  R  N  N  E  B  L  V  R  E  B  E  W
N  C  D  D  E  E  I  R  N  A  D  I
I  S  D  D  E  N  N  E  Q  O  D  N  S
D  A  M  R  D  R  D  D  Y  E  N  E  E
N  L  U  E  R  N  E  E  D  U  E  M  N
E  J  T  I  E  R  R  N  E  Q  M  A  D
B  T  T  E  N  D  E  N  C  Y  M  R  I
A  E  E  D  O  F  D  N  E  A  O  S  N
P  I  E  N  D  O  Y  D  N  E  C  I  G
```

| | | |
|---|---|---|
| ◊ ADDENDA | ◊ FENDED | ◊ SLENDER |
| ◊ AGENDA | ◊ GENDER | ◊ TENDENCY |
| ◊ AMENDED | ◊ INNUENDO | ◊ TENDER |
| ◊ BENDING | ◊ MENDER | ◊ TREND |
| ◊ COMMEND-ABLE | ◊ RENDER | ◊ VENDETTA |
| ◊ DEFENDS | ◊ SENDING | ◊ VENDOR |

| | | | | | | | | | | | |
|---|---|---|---|---|---|---|---|---|---|---|---|
| I | I | N | E | T | A | R | T | S | U | L | L | I |
| L | I | L | A | A | I | R | Y | L | L | I | I | H |
| L | T | Y | L | L | E | B | H | L | W | O | L | I |
| F | I | L | L | T | R | E | A | T | E | D | L | L |
| A | S | U | S | T | T | R | C | I | I | E | W | L |
| T | D | U | O | S | E | T | L | I | L | L | I | E |
| E | L | L | O | B | E | A | I | F | D | I | L | G |
| D | L | E | I | I | G | N | V | C | I | L | L | I |
| I | I | L | D | E | R | B | L | L | I | L | I | B |
| O | L | L | L | S | E | T | L | L | O | L | L | L |
| I | V | L | L | L | I | F | S | D | I | U | L | E |
| E | I | T | L | E | E | O | E | U | O | C | U | I |
| E | M | I | D | D | Z | O | N | C | L | K | M | L |
| G | N | I | T | T | I | F | L | L | I | L | E | L |
| I | L | L | C | I | L | L | U | S | E | C | I | I |

◊ ILL LUCK
◊ ILL WILL
◊ ILL-BRED
◊ ILLEGAL
◊ ILLEGIBLE
◊ ILL-FATED

◊ ILL-FED
◊ ILL-FITTING
◊ ILLIBERAL
◊ ILLICIT
◊ ILLNESS
◊ ILL-TREATED

◊ ILLUDE
◊ ILLUME
◊ ILL-USE
◊ ILLUSTRATE
◊ ILLUSTRIOUS
◊ ILLYRIA

**"SILVER..."**

```
A  N  C  I  O  A  S  H  H  A  E  N  K
I  E  M  J  P  A  S  T  A  R  S  D  M
L  E  W  E  D  I  R  O  L  H  C  R  X
L  R  R  H  L  N  O  D  B  E  E  A  O
A  C  B  O  T  D  S  L  I  L  J  D  F
H  S  P  L  E  R  E  L  R  A  Z  N  G
R  L  I  L  D  I  N  J  B  D  M  A  L
E  T  A  C  I  F  I  T  R  E  C  T  I
T  V  E  D  D  I  M  G  R  M  E  S  Q
A  O  S  M  O  F  B  T  Q  Q  R  C  C
T  A  N  N  I  V  E  R  S  A  R  Y  H
W  D  N  G  Z  E  R  D  P  W  R  R  D
M  C  L  M  U  L  P  V  O  G  O  D  I
A  S  O  L  D  E  R  E  O  M  E  R  S
V  T  I  U  O  T  S  D  N  L  S  E  D
```

| | | |
|---|---|---|
| ◊ ANNIVERSARY | ◊ IODIDE | ◊ SOLDER |
| ◊ BEECH | ◊ MEDAL | ◊ SPOON |
| ◊ CERTIFICATE | ◊ MINES | ◊ STANDARD |
| ◊ CHLORIDE | ◊ PERCH | ◊ STARS |
| ◊ FIR | ◊ POLISH | ◊ SWORD |
| ◊ FOX | ◊ SCREEN | ◊ TONGUE |

## 67 Scottish Lochs

```
N M U F I E N S W S S G K
I O K F C T I A L G A Z C
Q R D O L V X U A D T R A
P A K L E T W S B X A D N
E R T N L A S U S I Y O Y
N M A B E R R Y G E G N G
E I L B A R E A N A N A C
D F B D N H L N L L O S V
D P S O R L E S A V L R L
G A Q T I O O A I Y A A V
A G I A C S R E D U R T E
R Q N I T S D X O S H I J
T U O K L I O A N J H H P
E L X R E A C L L Z A A Y
N U E F E N D E R E P E W
```

◇ BAREAN

◇ BOISDALE

◇ BUIE

◇ CRAIGALLIAN

◇ FENDER

◇ GARTEN

◇ GYNACK

◇ HEADSHAW

◇ LAIDON

◇ LONG

◇ MABERRY

◇ MORAR

◇ NESS

◇ NEVIS

◇ OSSIAN

◇ RYAN

◇ TARSAN

◇ TRUDER-
  SCAIG

```
A O I A B F B N Q B L N K
I M H T P G A E M M T E A
I W A T O E H B E A V E R
E N M G C L O O G H C E Z
Y N N O N Y L S A A I E T
R S O O U O A H R P R V G
G H T T I N L X E U D E E
D O B S S N T I S W N R D
P W L N R Y I A A A E G G
R M Y D K I E M I N Z R L
A E D J E R F K O N H E W
I A L Y T N P O E D I E S
R P E A C H S X O A D N R
I A L B L S L N I T M L O
E S R P O A I L A A C K O
```

◊ ALOHA

◊ BAY

◊ BEAVER

◊ BEEHIVE

◊ EVERGREEN

◊ FIRST

◊ GEM

◊ GOLDEN

◊ KEYSTONE

◊ MAGNOLIA

◊ MOUNTAIN

◊ OCEAN

◊ OLD DOMINION

◊ PEACH

◊ PRAIRIE

◊ SHOW-ME

◊ SOONER

◊ TREASURE

## 69    Results

```
T F T T O F F O N I P S R
N F C T D A U K T Q S R W
E O T T S Y L P L I S A U
M Y Q C W N U A S I U C R
G A H I U T L K D H M R Q
D P U S I D R R S D O F F
U T H S O R O N L X V T Q
J T C U P L E R O C S C K
S E R E E N U B P A T I D
R T L U F E B T X H F D E
S E Q M H F T T I I Y R N
V E A T J U E F N O R E D
S R E W S N A I B O N V I
K I D E C I S I O N W Y N
X J T S A H F G R A D E G
```

◊ ANSWER        ◊ GRADE         ◊ SCORE

◊ DECISION      ◊ ISSUE         ◊ SEQUEL

◊ EFFECT        ◊ JUDGMENT      ◊ SOLUTION

◊ ENDING        ◊ MARK          ◊ SPIN-OFF

◊ FINISH        ◊ PAY-OFF       ◊ UPSHOT

◊ FRUIT         ◊ PRODUCT       ◊ VERDICT

```
E X H N Q H R C O T U P E
E L U S D T E R I D E R U
O R R O L F L M E N A W F
O E F O L I I L D V N I A
E T L M S L A T N H E T U
D N N A E E R R N S R N L
B A D M I N T O N N A M T
I C I H Q E A T W R S N S
R T E G N E O O E U S P R
L E O G R X L A H T A E E
L S N E U J S D E A R N L
B L A N K E T K D D G A B
I R R X I U A C G A Q L A
I H I L X W A I E A S T T
S K A E Z D F Q U M O Y S
```

| | | |
|---|---|---|
| ◊ ARENA | ◊ GRASS | ◊ SADDLE |
| ◊ BADMINTON | ◊ HEDGE | ◊ STABLE |
| ◊ BLANKET | ◊ PENALTY | ◊ TIME LIMIT |
| ◊ CANTER | ◊ RAILS | ◊ TRAILER |
| ◊ EVENT | ◊ RIDER | ◊ TURNS |
| ◊ FAULTS | ◊ ROSETTE | ◊ WINNER |

## 71 Bedtime

```
C O N Y S W O R D Z M D X
G E W W I S T S T E E H S
N F D N O T E D H Z H Q I
I B A T P D P R S H T A B
H F E I R P R F T R M R C
S P R R A I R E L T R N B
A I P E Y M B D D T A N V
W L S D E D K B H I W M E
T L D G R Q Y G Z A E H K
E O E N S N I Z Y H H C Z
R W B I Y N L H U R Y R S
O U O Z D T W M A L E I O
P K C O L C M R A L A S I
U I O D W R B M A N E E T
A G F D I T P X T P F I B
```

◊ ALARM CLOCK     ◊ GOODNIGHT     ◊ REST

◊ BATH            ◊ LAMP          ◊ SHEETS

◊ BEDSPREAD       ◊ MATTRESS      ◊ TIRED

◊ DOZING          ◊ PILLOW        ◊ WARMTH

◊ DROWSY          ◊ PRAYERS       ◊ WASHING

◊ EIDERDOWN       ◊ RELAX         ◊ YAWN

```
L I G Z E N O B H L H K E
N O X R F N W A R M E R O
L T O U K Z U G N R J K L
P C V S R E G N E S S A P
L I O L E Z S T E P I A W
S F U M A U S D H O K R P
A F N B R T I H R C F R R
P A L E A P F W E A R E I
D R K L B T W Z M Z O L N
J T L D N H H V B E S B T
H P N M D Y D O C T O R S
Y I X R H A E O O K H E L
K T L E V E R O T O R O Y
W L B L N T L E L O X A E
X R R E S A B D S O N D M
```

- ◊ BATH
- ◊ BOARD
- ◊ DOCTOR
- ◊ HILLS
- ◊ HOLD
- ◊ LEVER

- ◊ LOOSE
- ◊ MARK
- ◊ PASSENGER
- ◊ PRINTS
- ◊ SORE
- ◊ STALL

- ◊ STEP
- ◊ STOOL
- ◊ SURE
- ◊ TRAFFIC
- ◊ WARMER
- ◊ WEAR

## 73    In My Dreams

```
S K Q A N K M D F S F E S
C S T A R D O M U O V H T
S Y C O E I L C B A O A E
M E W R P R C L L M L D R
O N R O O E U H E I D O U
T A D C S W G L E G U I T
H M H S R N D N I S N J U
E P T N I L S S Z A H C F
R F L T A T Y C K O F Q E
N N A S S N S E R X E L H
A E E L G V D A O P M S T
L M W A L N D G P O L E O
D O J U E I R Q N E F S N
L E V S Z D N E J P H G N
T E S E K S Y G K H M T V
```

◊ ALIENS

◊ CROWDS

◊ EATING

◊ FAILURE

◊ FALLING

◊ FOOD

◊ HOME

◊ LOVE

◊ MONEY

◊ MOTHER

◊ NAKEDNESS

◊ RICHES

◊ STARDOM

◊ SUCCESS

◊ THE FUTURE

◊ THE PAST

◊ WEALTH

◊ WORK

# Silent "G"

```
R Q N G E R T T S R A E L
E Q F N N H K G G S P N O
W J A E G I N O Y E G Y P
W B T U I A N N R I V L P
E Z O K W G T G O S L S U
H R R E S A N C I E G A G
W S D L G E O M N S A S N
R B A M C L S G G L T A V
E P A N O T I Q G E B S D
H W G G G N C V N I L T V
G T N I E X E G O G X H E
I E N B E B N T S H E G P
H L I V C O N D I G N I X
V P D E M D J I S E E R V
K F N E S E T X W R O E A
```

◊ BENIGN

◊ COIGN

◊ COLOGNE

◊ CONDIGN

◊ EPERGNE

◊ FEIGN

◊ GNASH

◊ GNAWED

◊ GNOME

◊ GNOSIS

◊ HIGHER

◊ OPPUGN

◊ PHLEGM

◊ RIGHTS

◊ SIGNING

◊ SLEIGH

◊ SYNTAGM

◊ WROUGHT

# 75    Muscles

```
O M O H Y O I D D M D F D
S P L A T Y S M A G D M S
P T J O R S U C A I L I U
X X A Q A W S J W M L R E
A F T P P P Y O S O C R D
B Y L G E L Y U L A M E I
D C E C Z D E O R E L T O
O Q I V I T I D O T U E B
M B L W U Y I U O A T S M
I O S L S A A I S Z K S O
N H G L C S D A D K B A H
A S A O S P E C I R T M R
L P M R H R B R E C T U S
S A R T O R I U S S R L R
N X S P E C I R D A U Q N
```

◊ ABDOMINAL

◊ BICEPS

◊ CARDIAC

◊ DELTOID

◊ GLUTEUS

◊ ILIACUS

◊ MASSETER

◊ OMOHYOID

◊ PLATYSMA

◊ PSOAS

◊ QUADRICEPS

◊ RECTUS

◊ RHOM-
BOIDEUS

◊ SARTORIUS

◊ SOLEUS

◊ STAPEDIUS

◊ TRAPEZIUS

◊ TRICEPS

```
S S A B U G N T N W T I D
R F V T E A R A E C O L M
E N C V G O U F T F S R S
I D I S C A R D C A O A E
N R D S E Q N E E E L N S
E C E S N D T C J W V D U
D I O O O A N D E J E K C
W L M L I A W U R C T I X
C K R P R Z C E O L U Y E
Q O F T A O E N O W G K L
N A N P N C S U L N I O L
S E F T R O T O R E B E L
I L E D L K A N E E S B E
O N R E C R E A T I O N K
T D S E V W R E F U S E R
```

◊ BASS          ◊ ENTRANCE       ◊ RECREATION

◊ CLOSE         ◊ ESCORT         ◊ REFUSE

◊ CONSOLE       ◊ EXCUSE         ◊ REJECT

◊ CONTENT       ◊ IMPACT         ◊ ROW

◊ DENIER        ◊ NATAL          ◊ TEAR

◊ DISCARD       ◊ REBEL          ◊ WOUND

**Beauty**

```
P  R  E  N  I  L  E  Y  E  D  W  S  H
N  G  G  P  E  R  F  U  M  E  U  S  R
F  M  N  R  N  J  T  V  K  P  I  D  S
S  I  I  S  C  V  S  T  Y  L  I  S  T
R  R  T  D  F  W  S  W  O  N  U  P  S
O  R  N  A  A  K  A  P  M  T  O  Q  H
S  O  I  E  C  N  L  S  D  K  L  E  D
S  R  T  U  I  I  O  A  H  E  L  N  K
I  T  R  M  A  I  N  B  R  I  N  S  E
C  L  N  N  L  A  M  U  F  C  N  M  A
S  O  X  W  I  N  C  L  O  L  A  G  W
C  R  E  A  M  I  I  N  Z  K  B  T  S
D  J  R  L  N  A  S  R  E  L  L  O  R
M  P  A  A  N  P  R  U  C  D  V  L  R
R  J  M  O  L  I  P  S  T  I  C  K  R
```

◊ CREAM

◊ CURLS

◊ EYELINER

◊ FACIAL

◊ LIPSTICK

◊ MAKEUP

◊ MANICURE

◊ MIRROR

◊ NAIL FILE

◊ NAIL POLISH

◊ PERFUME

◊ RINSE

◊ ROLLERS

◊ SALON

◊ SCISSORS

◊ STYLIST

◊ TINTING

◊ WASHING

## 78    Flowers

```
K R A A L D C S D P U W T
I J M V I P K O F I D N K
U B S A E K I F N L I S H
A H X O G G C U N U H U N
D W N N A N P E S T C S T
N Y S X R Q O T B T R S E
M A Q I O F A L M D O I M
A H I S N T S U I L U C R
P I G R I I I A O A X R K
M U V C E H M A N A D A L
A V E L T L C I T N O N I
L O Q N A A A P M M A L L
L N A L L S N V G O T N Y
O X L I P N E S O T S D G
W C L A R K I A Y K J A E
```

◊ CLARKIA      ◊ NARCISSUS      ◊ STATICE

◊ LILAC        ◊ ORCHID         ◊ STOCK

◊ LILY         ◊ OXLIP          ◊ TANSY

◊ MAGNOLIA     ◊ PEONY          ◊ TULIP

◊ MALLOW       ◊ RUDBECKIA      ◊ VALERIAN

◊ MIMOSA       ◊ SALVIA         ◊ XANTHIUM

# 79    Bobs and Roberts

```
H P I W A G N E R D G G T
X R B A M S V P C E R C L
E R E D N U L G N E A O I
A R K N F R L S B E E E F
J K O E O L A N U G T M A
R X O Q I T E P O H Z O Y
M D H R P H S Z C S O N B
D Y R J C O T R B L A K E
C E H S O N E O H S Y H W
M T U Q E E V O B N I O D
W A L L L H E D X R E U U
R K B E W G N B V U F S D
H J Y F R O S T P B C E L
E R R C R O O K D K Y G T
L U D L U M N H T B E U Y
```

◊ BLAKE

◊ BURNS

◊ BYRD

◊ CREELEY

◊ ENGLUND

◊ FORD

◊ FROST

◊ GRAETZ

◊ HOOKE

◊ HOPE

◊ LUDLUM

◊ MERRILL

◊ MONKHOUSE

◊ MOOG

◊ RAUSCHEN–
   BERG

◊ STEVENSON

◊ STONE

◊ WAGNER

# 80    "S" Words

```
S  S  U  E  B  I  N  S  E  I  E  S  B
R  M  P  L  S  U  C  N  N  H  E  S  Y
D  D  M  P  B  E  I  K  L  L  R  L  R
S  S  R  P  S  W  L  D  F  N  N  S  D
I  K  I  I  S  H  D  L  J  S  H  D  N
T  A  O  T  S  H  E  G  I  A  B  A  U
B  S  S  S  R  S  M  A  P  N  S  T  S
Y  S  E  A  S  I  D  E  R  S  G  A  M
O  T  G  N  H  T  D  Y  T  E  T  N  S
H  R  E  I  O  A  R  O  A  U  R  O  F
N  S  I  F  R  H  R  I  R  K  C  S  T
S  U  R  E  A  M  R  A  H  C  O  T  V
A  N  R  S  Y  S  T  R  E  S  S  S  B
S  I  O  L  S  E  A  R  I  E  S  V  D
S  S  S  E  P  H  O  S  A  F  T  A  S
```

◊ SAFETY

◊ SAHARA

◊ SATURATE

◊ SEASIDE

◊ SELFLESS-
   NESS

◊ SELLING

◊ SHAPED

◊ SHEARER

◊ SHIRT

◊ SINUS

◊ SOCCER

◊ SONATA

◊ STIPPLE

◊ STOAT

◊ STORMY

◊ STRESS

◊ SUNDRY

◊ SWINE

# 81    Significant

```
G Y C L E L A C I T I R C
G N T M A S U O N I M O H
C T I F Z T L E G H U E A
K R R H O T I E G R A L N
P E T R C L E V G V O O L
L E I N A A L P Y R T V R
R A M S E F E L S E E L E
C E I K V T M R W M S A X
C N L R P D O O R E N L T
H L S E E C R P Q A I D E
I J T T V T N R K E F V R
E O D Y H A A S I Y A R Q
F Q R Y A J N M S R Q G Q
Y T H G I M L T G L D V L
T C I N D I C A T I V E Q
```

◊ CHIEF

◊ CRITICAL

◊ FAR-
  REACHING

◊ GRAVE

◊ GREAT

◊ HEAVY

◊ INDICATIVE

◊ LARGE

◊ LOFTY

◊ MATERIAL

◊ MIGHTY

◊ NOTEWORTHY

◊ OMINOUS

◊ POTENT

◊ PRIME

◊ RELEVANT

◊ SALIENT

◊ VITAL

# "ABLE" Endings

```
E L B A N U E L B A A Q E
D U R E F U T A B L E L O
E E L B A K R O W M B A E
L L C A Y E M C I A S P L
B I B O U I L L I R U N B
A H K A N D J M G R S E A
O C A A W C A O A I T X E
E F B N F O E B U A A C G
V L L I C R L I L G I U N
E L B A E K I L V E N S A
E L B A I L P A A A A A H
E L B A I T A S B B B B C
L N A U I V C A D L L L X
B B E L B A N S R E E E E
A E L B A I N E D A B L E
```

◊ ABOMINABLE

◊ ALLOWABLE

◊ AMIABLE

◊ CONCEIVABLE

◊ DENIABLE

◊ ENVIABLE

◊ EXCHANGE-
ABLE

◊ EXCUSABLE

◊ FRIABLE

◊ LAUDABLE

◊ LIKEABLE

◊ MARRIAGE-
ABLE

◊ PLIABLE

◊ REFUTABLE

◊ SATIABLE

◊ SUSTAINABLE

◊ UNABLE

◊ WORKABLE

# 83     Dressmaking

```
U N E Y S E A N O T T U B
L B S Y E L A N I T R A O
W E S I T S T A E L P V N
H C H A L K G S T R A D M
E N J E H K S N E E D L E
M L E E H N D D I F N F N
M R P N I I G W M W N G F
I A O B Z I N S A S E F A
N Y B F N S I R C I R S D
G O L G S H S I H Y E A E
B E L Q S S S L I Y A C W
A O C K K S E F N M A R E
S T B V O D R R E L N P N
I W R R O T P Z D I E S A
N O S M H M E A R S M S F
```

◊ BOBBINS     ◊ HEMMING     ◊ PLEAT

◊ BUTTON     ◊ HOOKS     ◊ PRESSING

◊ CHALK     ◊ LACE     ◊ SCISSORS

◊ DARTS     ◊ MACHINE     ◊ SEWING

◊ DRESS FORM     ◊ MODEL     ◊ SILK

◊ EDGING     ◊ NEEDLE     ◊ YARN

## 84　　Weeding

```
H S D E E O L Y F A I L D
C I L L L N K V J M L I B
T L N S I T I Y C N C A T
E A P I E O S R N G F T N
V X B M N R F I E O G E D
T O O U U A A E H M Y S R
J S I D T L C T U T I R O
S E D H E T B L Z Q H O B
G M E B J E E H O N N H P
D N A D E E W R E V L I S
O R N L N N Z D C N E K C
C L L E R R O S N U B R T
K N O T W E E D D I P I O
V G T O N E K C A R B P T
X B R N K F Q D I U J G D
```

◊ BINDWEED　　◊ DOCK　　◊ OXALIS

◊ BRACKEN　　◊ FAT HEN　　◊ SILVERWEED

◊ BRYONY　　◊ HENBIT　　◊ SORREL

◊ BUTTERCUP　　◊ HORSETAIL　　◊ TARES

◊ CINQUEFOIL　　◊ KNOTWEED　　◊ THISTLE

◊ CLOVER　　◊ MOSS　　◊ VETCH

```
N N D A U S Z B M O T H L
B A S K E T X K E O M B I
A N O I T C E R R U S E R
H D N Y V L R N N Z Z C P
R E L P A F I O N P B R A
O I M A L D I D M O F O F
L T E B S S I D O P B S H
P O I M S T U L X F X S E
B E Z A D C S N O N F I I
H D P L K Y A U H H L A S
R S M L N U D E P X T N D
W V I N T T A E Y P B N P
T N U F E V G D X T E H A
G B S N E G D I Q L T R L
E V A N S O U O R I R N M
```

◊ APRIL

◊ BASKET

◊ BONNET

◊ BUNNY

◊ CROSS

◊ DAFFODIL

◊ DUCKLING

◊ EGGS

◊ FISH

◊ HEAVEN

◊ HOLIDAY

◊ LAMB

◊ LAST SUPPER

◊ LILY

◊ PALM

◊ PASSION

◊ RESUR-
   RECTION

◊ TOMB

**Kitchen Items**

```
O E G D R E N I A R T S R
C E T R L U B L N L K E E
O U N A A A S N R P S O N
C C P O L T R I V E T P I
Q C Y B Q P E L E V D I A
E O U G O F R R C V P E R
H F V N S A I E R N E D D
B F S I A O R S N X T I K
L E A P G X U D H N N S L
A E V P A G O P S F I H V
D P P O S T U L B H O D E
L O Z H T C U Z W O T R K
E T G C A S D L J E W E K
N I K E M A R L A W F L L
Z Q T Z S E I I T L J X S
```

◊ CHOPPING BOARD

◊ COFFEE POT

◊ CUPBOARDS

◊ DINNER PLATE

◊ DRAINER

◊ FISH FORK

◊ GRATER

◊ LADLE

◊ PIE DISH

◊ RAMEKIN

◊ SIEVE

◊ SOUP BOWL

◊ SPATULA

◊ STOVE

◊ STRAINER

◊ TEACUP

◊ TRIVET

◊ WHISK

# 87    Fonts and Typefaces

```
P A C C S R P Q Z R W N R
N W U T I R E P O O C A L
I N K Q A H A U U O N M O
J L B X I R T U A A A O P
I N I C N T N O M B R H T
N S N O O I N K G R E A I
O Y P E V U O A P L A T M
D R N E L O R E K S L L A
O N R M B A O I D O O E C
B S R M M G C I E U O G B
L E N O E F K N F R R B J
H A N S N R W U W L T Z Q
Q D I H E E E E M A V E
P H L R R O L V S E Q M G
M S B D A H L A F A A Q A
```

◊ ARIAL

◊ ARNO PRO

◊ BAUER

◊ BELL GOTHIC

◊ BODONI

◊ BOOK
   ANTIQUA

◊ BOOKMAN

◊ COOPER

◊ COURIER

◊ FLAMA

◊ GARAMOND

◊ NUEVA

◊ OPTIMA

◊ PRAXIS

◊ ROCKWELL

◊ SEGOE

◊ TAHOMA

◊ UNIVERS

```
R R X D D U D H M C F X Y
R H P J D N T E L O N V J
A I P T A F A O B E K I O
E N Q J I Z T M O A F S A
W L L H F H C E H E O I S
T C S T E M C E D C S O L
E A O S J R R V W G T N J
S P L D A S A Q C Z H A Q
S W U Q N U W M V T U N W
O D C L U B L G L G T K G
E P R H E S E M Z E W V I
S A O E T D R G R A R F D
P N R R S Z L R H S W A Y
N I Z O F S O S T F I L J
W M L N E R K B L M U L D
```

◊ CAP          ◊ HAWK          ◊ SHIFT

◊ CLOTHES      ◊ HERON         ◊ SPOT

◊ CLUB         ◊ JAR           ◊ TERROR

◊ CRAWLER      ◊ LIFE          ◊ VISION

◊ DRESS        ◊ MARE          ◊ WATCHMAN

◊ FALL         ◊ OWL           ◊ WEAR

## 89　Homophones

```
F  I  T  G  S  T  N  E  S  E  R  P  Y
A  E  P  R  A  I  S  E  S  S  T  R  R
O  R  R  O  S  R  S  N  T  S  D  E  E
A  A  G  W  D  A  A  A  R  O  S  S  N
N  H  T  N  F  O  T  C  B  E  A  E  O
M  E  H  D  R  I  O  G  S  A  Q  N  I
O  O  G  G  O  I  S  L  G  U  S  C  T
N  D  U  N  L  H  Y  K  A  F  E  E  A
Q  G  A  R  D  E  A  D  E  B  J  T  T
I  R  R  E  N  E  R  I  T  R  M  E  S
Y  E  D  S  R  I  P  A  R  R  L  Y  T
E  X  K  E  D  Z  N  Q  T  B  S  F  C
L  V  N  O  I  Z  A  G  N  F  A  L  T
S  S  M  O  R  N  I  N  G  R  O  S  I
L  O  B  M  Y  S  S  K  D  B  C  J  S
```

◊ BASE          ◊ GROAN          ◊ PRAISE

◊ BASS          ◊ GROWN          ◊ PRAYS

◊ CYMBAL        ◊ HAIR           ◊ PRESENCE

◊ SYMBOL        ◊ HARE           ◊ PRESENTS

◊ DRAFT         ◊ MORNING        ◊ STATIONARY

◊ DRAUGHT       ◊ MOURNING       ◊ STATIONERY

# Celtic Tribes

```
A  S  I  C  A  I  T  N  A  C  C  P  T
Y  Y  A  D  T  E  P  I  D  I  I  A  U
I  N  E  T  A  C  G  Z  E  Y  A  I  S
X  Q  O  I  L  A  X  E  A  T  N  E  I
N  C  F  H  M  Z  N  D  R  U  C  D  S
S  G  L  O  I  E  X  E  A  I  R  D  S
A  F  C  Z  A  Y  B  L  V  U  Z  M  I
E  A  F  G  T  A  L  O  I  C  E  N  I
V  N  L  W  T  E  D  D  L  R  E  N  I
D  E  C  E  V  R  S  I  T  R  N  I  I
B  V  S  U  O  P  D  A  E  U  N  S  K
T  V  T  M  P  L  E  A  B  S  S  J  D
B  A  B  C  G  U  C  O  C  A  I  A  Y
C  K  N  I  W  G  D  G  C  E  G  H  T
Z  T  I  I  S  I  R  A  P  Y  L  Z  U
```

◊ ATREBATES

◊ BELGAE

◊ CAERENI

◊ CANTIACI

◊ CASSI

◊ CATENI

◊ CATUVEL-
  LAUNI

◊ DOBUNNI

◊ DRUIDS

◊ EPIDII

◊ ICENI

◊ LUGI

◊ ORDOVICES

◊ PARISII

◊ SCOTTI

◊ SMERTAE

◊ TAEXALI

◊ VACOMAGI

# 91 Military Aircraft

```
I E R E D U A R A M E B V
O N E S R E T S A C N A L
R O D B H E D O R M I N V
I R B T J U O T T Y I N R
A D R X R D R E L L L A J
S R O O O R J R E V T G T
R A W O Q O O V I I T T E
O K V S T L A T M C H O F
C E Z A B J R I C M A R O
N N R J G Q C V U I L N Q
S T U K A S E S I H V A E
S H O R N E T L B X A D N
C K P P H A N T O S E O K
L I X E N D E V T Z X N Z
B Z G G F D M O T N A H P
```

◊ CORSAIR  ◊ LANCASTER  ◊ STRATOJET

◊ DRAKEN  ◊ MARAUDER  ◊ STUKA

◊ DRONE  ◊ MUSTANG  ◊ TORNADO

◊ HORNET  ◊ NIMROD  ◊ VICTOR

◊ HURRICANE  ◊ PHANTOM  ◊ VIXEN

◊ JAVELIN  ◊ SCIMITAR  ◊ VOODOO

## 92    "ME", "ME", "ME"!

```
M H L M D N A C I X E M M
W E N A E M E K M G V L E
M B D H I T E G L A T E M
E B Y I O N O N D E M C G
M E R I T S E L H I I B M
B M E V W E S M R H U M E
E S M E T S R L P E J E A
R E D Y L I R R E M M N N
S Y C R E M O J A D G A A
H M M E R M A I D N N C A
I E E A A M E T O M E E K
P M E T M E C K E E U A M
C M E T T L E M E P N T N
O M E L A M I N E A E E J
E M E H C Y R O M E M Z M
```

◊ MEDITERRA-
   NEAN

◊ MEKONG

◊ MELAMINE

◊ MEMBERSHIP

◊ MEMORY

◊ MENACE

◊ MENDELS-
   SOHN

◊ MENIAL

◊ MENU

◊ MERCY

◊ MERIT

◊ MERLOT

◊ MERMAID

◊ MERRILY

◊ METAL

◊ META-
   MORPHIC

◊ METTLE

◊ MEXICAN

```
A B H P B E S I A R B O Q
H V U O X H J S A T U R M
S T I R F R Y M W R G E V
U L A D E B A R B E C U E
C A S S E R O L E L A M G
B W K T H V L X I N H T E
B W E A F V I E U N X W V
Q T O T A X L L E S J S A
S T E L S B L T O J B B W
Z R E M M I S U S R Q A O
S S H A R A S F O E Y K R
Q T R G B E D I S W F E C
K C E N J G L A E H B U I
S X F A N J A G E S G F M
S Q Q N M F T E B M A L F
```

◊ BAKE        ◊ CASSEROLE    ◊ SIMMER

◊ BARBECUE    ◊ DEVIL        ◊ SOUSE

◊ BASTE       ◊ FLAMBE       ◊ STEAM

◊ BOIL        ◊ GRILL        ◊ STEW

◊ BRAISE      ◊ MICROWAVE    ◊ STIR-FRY

◊ BROIL       ◊ SCRAMBLE     ◊ SWEAT

**Agitation**

```
P A I G G N I D N E L B R
Y U Y Q M K T E V R L S Y
V G Q R T U T C N E I T K
R M A Q R E O X T S O R Q
I L F N N D E B D M T T
A E I S C G I G F M R L B
L N I E U U N D I O U K C
G O R A Q I O X U M T L G
N N F S L P I B U E O A N
W B I F F N L T W D M V I
O D F R G E A L F N N A S
R U B C R U S A D E E E S
R A G M C I V Y J O D H O
Y A N X I E T Y Q O I P T
G A R S S F T S E R N U M
```

◊ ALARM

◊ ANXIETY

◊ BLENDING

◊ CONCERN

◊ CRUSADE

◊ DISQUIET

◊ MIXING

◊ RUFFLING

◊ STIRRING

◊ TENSION

◊ TOSSING

◊ TROUBLE

◊ TUMULT

◊ TURMOIL

◊ TURNING

◊ UNREST

◊ UPHEAVAL

◊ WORRY

## 95    Backing Groups

```
P I O Y U K P G U S C U K
K I E B P W H D N W T B R
C B B V C L X K S A Y J V
R E A C J U A H C L G W S
I L D M I S G Y V T R E H
C M K I L J A V B U G Y A
K O S G N I W T O O N U D
E N M A I N S M O P Y E O
T T N E W Z U T R K L S W
S S V I T R S E I T A U S
S W E N I S Q C O M P D Y
B Q J O R D A N A I R E S
B Y C S E M E R P U S E S
N Q Q J P S F S V R G E H
Q S E V A W B M G C B L R
```

◊ BELMONTS    ◊ HERMITS    ◊ RUMOUR

◊ COMETS    ◊ JORDANAIRES    ◊ SHADOWS

◊ CRICKETS    ◊ NEWS    ◊ STOOGES

◊ DAKOTAS    ◊ OUTLAWS    ◊ SUPREMES

◊ DEL-TONES    ◊ PIPS    ◊ WAVES

◊ GANG    ◊ PLAYBOYS    ◊ WINGS

# Halloween

```
S P M I C I G A M N I S S
M N B M X R N N A M K K K
N O P A G A N M I S D T I
O R H U E J S P A Y A T F
I D A R M I S M O E L A A
T L U F L P G M R J M F I
I U N A Y E K T X I C F R
R A T J W P R I L D Y B I
A C I Q A O B I N V Q A E
P J N X K B A N F L G T S
P W G C M R N A W C A S Y
A A I S P E C T R A L M D
I R U M V G N I C N A D P
T R V O K P P X J F Z A D
R S C S M R A H C V R I G
```

◊ APPARITION

◊ BATS

◊ CAULDRON

◊ CHARMS

◊ COVEN

◊ DANCING

◊ FAIRIES

◊ FAMILIAR

◊ FLYING

◊ HAUNTING

◊ IMPS

◊ MAGIC

◊ MASKS

◊ PAGAN

◊ PUMPKIN LAMP

◊ SPECTRAL

◊ TALISMAN

◊ TRICK OR TREAT

```
O P M H S Y N C C E S U F
R L K N R A U A V D Z R H
G V H Z L U B S N Q A T A
E U J X S G Q A J N A B Y
N L Q X U U L Z C R U R B
E M A N X R A E L E E A I
T Q A L E U Z E N E V Z L
N M P H T Q A T A R A I D
O I T E C E E R G H N L W
M E R Z N V E V E G U N R
N B E J R G L B M X A N M
A L A N B M L Y Q P T U B
U A W O L A R A E H U E J
R O S K L L S R N K C V I
U S H U Z I U K N D U D C
```

◊ BRAZIL

◊ ENGLAND

◊ FRANCE

◊ GREECE

◊ IRAQ

◊ LAOS

◊ LIBYA

◊ MALI

◊ MONTE-
  NEGRO

◊ NAURU

◊ NETHER-
  LANDS

◊ OMAN

◊ PERU

◊ QATAR

◊ URUGUAY

◊ USA

◊ VANUATU

◊ VENEZUELA

# Artists

```
N Z A V J N A S O N E Y S
D O U U J S J X E R S X R
H X L R A A S E E S V U I
X T E D V Q T H B K D A D
J N F R E S S I E J J E S
M J P T N M O G K E G P W
M A T I S S E O C A N R J
A X N U D E T N S S D A N
K Z I Z U L W Z C U V C W
Y D D E U O C A N O V A E
N C O F M C Z L Y G V U R
G B R O W N X E U T J X G
F A O B K N U Z K V T J O
M R P T E J A C C E U E Y
E R E N R U T P X Q K M A
```

◊ BROWN　　　◊ ETTY　　　◊ MOORE

◊ CANOVA　　◊ GONZALEZ　◊ NOLDE

◊ CARPEAUX　◊ GOYA　　　◊ RODIN

◊ COLE　　　◊ KITAJ　　　◊ STEEN

◊ DEGAS　　 ◊ MANZU　　　◊ TURNER

◊ ERNST　　 ◊ MATISSE　　◊ WEST

# 99    Goddesses

```
O V R O O Z S A U R O R A
I F I B A Z Z I I K W N N
U A R C M D M C M L O K U
E Q W E T K H I B E E K F
L V D R Y O Z T N I T Y F
E E L R I A R P K E I R T
B N O I H R Y I N Q R N A
Y U N D A R A E A Y T V R
C S R W Y E H E S T I A A
G L Y E W T T A U R H N T
V D P N A Z L A E V P A H
X U I I C A O N C W M I S
Q R A N C Q E K M E A D I
W G V I Z O L A K S H M I
I A A V B Z B H D X W K X
```

◊ AMPHITRITE    ◊ DIANA    ◊ ISHTAR

◊ ARTEMIS    ◊ DURGA    ◊ LAKSHMI

◊ ATHENE    ◊ FREYA    ◊ MINERVA

◊ AURORA    ◊ HECATE    ◊ SALACIA

◊ CERRIDWEN    ◊ HESTIA    ◊ VENUS

◊ CYBELE    ◊ IRENE    ◊ VICTORIA

# 100   Racecourses for Horses

```
Y  S  A  P  P  O  R  O  Y  L  Z  S  G
E  J  A  W  O  W  L  Z  I  M  H  N  A
L  T  M  C  B  K  D  M  Z  A  G  W  L
L  Q  O  W  Z  P  E  Q  E  L  C  O  W
A  E  I  L  S  R  E  L  L  E  L  D  A
V  R  Y  N  I  A  A  D  S  B  A  Y  Y
Y  A  L  C  O  I  A  U  C  O  I  K  Z
P  M  K  I  H  T  O  A  A  W  R  C  Y
P  C  C  S  N  H  N  K  T  O  W  U  R
A  J  E  I  Y  G  L  A  C  Q  O  T  U
H  B  O  R  H  A  T  N  C  L  O  N  B
W  B  I  A  W  L  E  O  Y  N  D  E  W
Q  A  V  N  W  T  E  N  N  T  I  K  E
F  L  E  O  P  A  R  D  S  T  O  W  N
V  U  E  R  O  M  A  R  T  K  E  U  T
```

- ◊ ARLINGTON
- ◊ CLAIRWOOD
- ◊ CORK
- ◊ DELHI
- ◊ ELLERSLIE
- ◊ FAIRYHOUSE
- ◊ GALWAY
- ◊ HAPPY VALLEY
- ◊ HIALEAH
- ◊ KELSO
- ◊ KENTUCKY DOWNS
- ◊ LEOPARDS-TOWN
- ◊ LIMERICK
- ◊ NEWBURY
- ◊ OAKLAWN
- ◊ SAPPORO
- ◊ TRAMORE
- ◊ WINCANTON

## 101 Intelligence

```
N M T H G I S N I V X R A
K N O W I N G N Y N C G C
C I I D J P T Y X M J F U
F D N L S E Y Y J S Y D M
C E R S L I N A S T U T E
S T C L T I W E S H O S N
E A E L A R N H Q L A Q K
I C M R E E U R V G L R D
T U B E T V A C A Q W D P
L D H U N P E C T X H W Y
U E C J R T I R Y E M E I
C A R S U T A A T T D R X
A N Y G Y P F L Q B S H H
F S A V T H O U G H T S S
G B Y S U I N E G K C A D
```

- ◊ ACUMEN
- ◊ ACUTENESS
- ◊ ASTUTE
- ◊ BRAINY
- ◊ CLEVER
- ◊ EDUCATED
- ◊ FACULTIES
- ◊ GENIUS
- ◊ INSIGHT
- ◊ INSTRUCTED
- ◊ INTELLECT
- ◊ KNOWING
- ◊ MENTAL
- ◊ SAGACITY
- ◊ SHARP
- ◊ SHREWD
- ◊ THOUGHT
- ◊ WISDOM

```
N H Q S U C R B N O S N D
G N L A L H E V R A O Q V
E O K U P M W E G P Q T H
G C E P I T D Y A N N H S
T S N R O R M E J E I C Z
F D C A U L W N M Y I Y L
O A E M T Y I E K S H S L
O E Y C E I U C N M S F E
T L D A N O R E E U K E T
P L M E N E R E E F A G V
R Y Z E A O D V H Y I I K
I G D B F T C I L N C N L
N H P L O B H T V T I Q K
T R I A L D Q O I E F G A
S Z G C T O Y M G Q K Z L
```

◊ BODY

◊ CLUES

◊ CRIME

◊ DEATH

◊ DENOUEMENT

◊ EVIDENCE

◊ FOOTPRINTS

◊ FORENSICS

◊ INHERITANCE

◊ KNIFE

◊ LEADS

◊ LYING

◊ MOTIVE

◊ MURDER

◊ POLICE

◊ TRIAL

◊ VICTIM

◊ WEAPON

# 103 Words Containing "LIP"

```
P P I L L I P F H Z Q Y C
U I I L I P O T P Q T L P
F H L L Y P J X I F I R I
M L M C L K I X L P W E L
L I I D N I E L A I C D S
Y I L P R U F R C E P A M
E P L L P D T P A D A E Y
C I F L I A O Y H I P R G
L L S L I P N O O S E P L
I P N L I P E T C P R I I
P X H L I D U D U I C L P
S J L I I P V T E L L S A
E O P I L S Y A P F I T M
L T E N L I R I C Y P P N
P L I P V I P I L B S C S
```

◊ CALIPH

◊ CLIPART

◊ ECLIPSE

◊ FILLIP

◊ FLIP SIDE

◊ FLIPPANT

◊ GYMSLIP

◊ LILLIPUT

◊ LIP-READER

◊ LOLLIPOP

◊ MILLIPEDE

◊ OXLIP

◊ PAPER CLIP

◊ PAYSLIP

◊ PHILIP

◊ SLIP NOOSE

◊ TULIPS

◊ UNCLIP

## 104 Buildings

```
E V L O O H C S T R E A S
D U W O M O N U M E N T P
H L L F A E E O T A C Y T
M G S Y N A G O G U E S R
I U Y R O T A V R E S B O
B F I R U N R O F I N L U
O A C R E S A E L P M E T
W O K M A E G E T E N H H
C M R E S T A U R A N T O
H R D H R D E C K P D O U
O E E A E Y B N A S L R S
S W V P A T E G A S O V E
T O O Y R A R B I L T I H
E T L L I M D N I W P L K
L L J T I P A L S A N X E
```

- ◊ BAKERY
- ◊ CASTLE
- ◊ DEPOT
- ◊ GARAGE
- ◊ HOSTEL
- ◊ IGLOO
- ◊ KIOSK
- ◊ LIBRARY
- ◊ MONUMENT
- ◊ OBSERVA-TORY
- ◊ OUTHOUSE
- ◊ PLANETARIUM
- ◊ RESTAURANT
- ◊ SCHOOL
- ◊ SYNAGOGUE
- ◊ TEMPLE
- ◊ TOWER
- ◊ WINDMILL

## 105    Drinking Vessels

```
S  W  C  Q  U  A  D  I  P  T  E  R  S
S  L  A  T  T  E  M  U  G  U  L  F  M
A  R  N  S  K  S  U  H  P  Y  C  S  Q
L  E  T  T  A  V  T  U  U  K  S  U  U
G  G  E  A  T  I  C  A  Z  Z  A  T  E
L  G  E  I  E  E  T  U  N  I  A  S  S
I  I  N  N  E  C  R  I  C  E  U  S  T
A  J  V  F  N  O  H  H  R  R  A  T  O
T  V  F  E  J  N  I  A  C  A  R  O  G
K  O  P  E  R  O  R  E  L  B  M  U  T
C  C  M  G  N  G  B  T  B  I  J  P  E
O  D  Y  I  G  G  A  T  E  Y  C  U  W
C  N  E  L  N  I  S  Y  B  A  R  E  D
R  T  V  G  I  N  N  O  T  Y  H  R  L
S  S  A  L  G  X  T  P  O  R  R  O  N
```

◊ CANTEEN

◊ CHALICE

◊ COCKTAIL
  GLASS

◊ COFFEE CUP

◊ CRUSE

◊ CYLIX

◊ JIGGER

◊ LATTE MUG

◊ NOGGIN

◊ PORRON

◊ QUAICH

◊ RHYTON

◊ SCYPHUS

◊ STEIN

◊ STOUP

◊ TAZZA

◊ TOBY JUG

◊ TUMBLER

## 106 Washing a Car

```
N D E G S S R W E A R A A
E W O J L L J V L I C H D
U M C A R W E U C S L Y R
L B O L F V A E I V A P J
D G E R E E Y T H W L O S
B R U S H A A B E W I L U
R I Y P O C N V V R G I L
E M H I H H I I A N H S A
G E R Y N R N E N H T H H
N L I N D G S E U G S B B
O R N S B C O B D D L U U
P L S R O O C F O R C T A
S H I N E A O G F K A S E
P U N K P V P O E H F G I
E R G S K E M T I C T A B
```

◊ BRUSH

◊ BUCKET

◊ CHROME

◊ CLEANING

◊ DRIVEWAY

◊ DRYING OFF

◊ GARDEN HOSE

◊ GRIME

◊ HUBCAPS

◊ LIGHTS

◊ POLISH

◊ RINSING

◊ SHINE

◊ SOAP

◊ SPONGE

◊ VEHICLE

◊ WATER

◊ WHEELS

# 107 Richards

```
E T H G I R W K R A A L S
R M E P O Y E N E H C A D
E A D A M S I E Z E R R E
G D V A L E R E A O V C E
L D G U S T R A U S T E T
S E E A D G N I L T A G C
S N P N R R L U B P T E A
U T U R P I N B F A R E R
A O K W K Y R O Y R P E P
R J P V T H E W A R A T E
T G E R I P A K Y A D A N
S C U V P G L Y A O D N T
K O E R N A D I R E H S E
C C Z E P N I X O N L E R
F E R T H S A E M L E A U
```

◊ ADAMS          ◊ EDGAR          ◊ PRYOR

◊ ARKWRIGHT      ◊ GATLING        ◊ ROUNDTREE

◊ BYRD           ◊ GERE           ◊ SHERIDAN

◊ CARPENTER      ◊ LEAKEY         ◊ STRAUSS

◊ CHENEY         ◊ MADDEN         ◊ TURPIN

◊ COURT          ◊ NIXON          ◊ WAGNER

## 108 Castles

```
P A D E N B E A S Y E A E
A R C H W A Y I P E S U P
R E V E T M E N T P I T R
A P B H E G O S E H A C A
P N N U E D L A M O S O C
E E A S L G W R M A E P S
T F E D H W A E R A C S E
Y V N K E R A L L O I U S
U B O I F R E R L D V E T
R B S J R B J D K E L A P
R U I D L O H G N O R T S
M E R L O N E N V E O Y M
M V R S D D I H D W F S H
D R A W B A R E E E S E G
G A G S G T E R R U T E D
```

◊ ARCHWAY
◊ BULWARK
◊ DEFENDER
◊ DRAWBAR
◊ ESCARP
◊ GALLERY

◊ GARRISON
◊ KEEP
◊ MERLON
◊ MOAT
◊ PARAPET
◊ REDAN

◊ REVETMENT
◊ SIEGES
◊ STRONGHOLD
◊ TOWER
◊ TURRET
◊ VICES

# 109    Look!

```
E E G A R S T E R A T C I
T C C B I E H A Q O O N E
A H I N L E D I S C E R N
T R E T A I H I W H X E W
N B E H O L D C S P P V B
I F S B T N G D T N C I A
U A F H S I A E R A O E D
Q E G S I T E S Y A W C Z
S I E P E R U S E E G R R
S G E Y J I S D Y M U E O
Y N F O E S H O Y R S P R
E A U N N S M Y F N T R C
B N I E K A T N O Q A Z S
O Y S E L G G O G Y R D S
E M B R I L P Y A B E W L
```

◊ BEHOLD          ◊ NOTICE          ◊ SPY ON

◊ CONSIDER        ◊ PERCEIVE        ◊ SQUINT AT

◊ DISCERN         ◊ PERUSE          ◊ STARE

◊ EYE UP          ◊ REGARD          ◊ STUDY

◊ GLANCE          ◊ SIGHT           ◊ TAKE IN

◊ GOGGLE          ◊ SNOOP           ◊ WATCH

# 110 Trucks and Vans

```
N G A U B E L O T S I R B
E R H I N O T U L N M E U
D D K L R P L U U T E T K
O O C A D E E G G N W C H
F D V O H A O E C Y A C S
N I D L K H L A J M I M R
V G C L S A D D K F T I E
E L A U O D D E A L Z A U
T A R U Y R N R I P O Q L
C C F Q O W T B H B N V D
E A F F O T R A M F N U L
K J D R S E C O P V C B Z
U E T A T N C E P A S B U
B H V E H B A G T S B I S
V K P I V E C O I S E H K
```

◊ BEDFORD     ◊ FODEN     ◊ PATROL

◊ BRISTOL     ◊ IVECO     ◊ PETERBILT

◊ CADDY     ◊ JEEP     ◊ RHINO

◊ COMBO     ◊ KENWORTH     ◊ SHOGUN

◊ DODGE     ◊ LUTON     ◊ TRAFIC

◊ DUCATO     ◊ MACK     ◊ VIVARO

# 111    Varieties of Carrot

```
I W R Y L P E R I M O O C
B X H A C C A S A S A N L
O R E M A O G N U C A A E
R D X R S X E R T G E R O
I K S Y U K O N U H S A P
A O T H I L W C M A E P A
N A O N A C A V N J O R T
N C G V Z R E M K K U V R
C T B O P M E T I M U Y A
A E H O H O E L N A S R N
B Y N T L J V N G R E P A
R O A B P E O E N I K L I
Q P Z T S C R V B O Y K D
T U A G Y A A O C N A F N
M U K O M F L Y A W A Y I
```

◊ AUTUMN KING     ◊ IDEAL        ◊ PANTHER

◊ BOLERO          ◊ INDIANA      ◊ PARANO

◊ CARSON          ◊ KAZAN        ◊ SYTAN

◊ CLEOPATRA       ◊ MARION       ◊ TEMPO

◊ EVORA           ◊ MOKUM        ◊ VALOR

◊ FLYAWAY         ◊ NAIROBI      ◊ YUKON

```
N A S K C E L O N I M E S
N P C K A A G D P C P E A
H A I R I P M O W E M A P
H O R C T A N C T T Q W C
B A O R B C R S I W T A H
E U P C A C F G N M F T I
N H L U H G N A Z C A T C
O C C T T I A X F S E O K
R E H N L G N N O O T K A
U U U T U C E O S V E E S
H Q P Y R C W E D E K A A
V T A E U C I M O I T Z W
V C E C H I P P E W A T T
A K B U K A G F E B W E S
E E K U S O C C I M B C W
```

◊ AZTEC

◊ CAYUGA

◊ CHICKASAW

◊ CHIPPEWA

◊ CREEK

◊ HOOCHINO

◊ HURON

◊ MICCOSUKEE

◊ MICMAC

◊ NARRAGAN-
  SETT

◊ NAZCA

◊ NOOTKA

◊ OTTAWA

◊ PICUNCHE

◊ PONCA

◊ QUECHUA

◊ SEMINOLE

◊ TLINGIT

# 113    Keeping Bees

```
S A T O R H V U R L X R I
E X E L M U A D R E O P S
C A M R A M S I Y Y V C R
L A A S K E T E A C I O O
U W E A V H A L P X T M H
S S E O R A J E R A D B Y
T G L M O E O E D W D Y C
E G T T L F S R E W O L F
R E M L Q T A L U H L A H
D G Y N C O I F E S A R P
H W Y E B E O S A S B V P
N I S D V E A L S L N A E
L N V R E K R O W L Z E R
I G C E N W H T R E E S R
F S E N E D R A G C W D N
```

◊ BOARD          ◊ GARDEN          ◊ ROYAL JELLY

◊ CELLS          ◊ GLOVES          ◊ SWARM

◊ CLUSTER        ◊ HIVE            ◊ TREES

◊ COMB           ◊ HOVER           ◊ VEIL

◊ EGGS           ◊ INSECT          ◊ WINGS

◊ FLOWERS        ◊ LARVAE          ◊ WORKER

# 114    Words Associated with China

```
S J M A H J O N G G W N V
A H K A R O K E T S I G O
O D A O E S I B I Z G H M
K G Y R T H S S V G G N E
E O K E P A I M I N A W L
T L A N W E N M U N S A Y
C X O N I O I G K E S W C
H O L Z A G H E R O T I H
U T I E V P E C F A T E E
P N N K D N M F W Y M L E
N I V O E I D A P O F D J
O H U W N G M H S M H J U
S S A T E X O S K J C C S
F A Y O R O T A U Q O L O
G O F W N B E B E M A B Y
```

◊ CHOW CHOW      ◊ KETCHUP      ◊ PEKOE

◊ DIM SUM        ◊ KOWTOW       ◊ SAMPAN

◊ GINKGO         ◊ LOQUAT       ◊ SHAR PEI

◊ GUNG-HO        ◊ LYCHEE       ◊ SHINTO

◊ HOISIN         ◊ MAH-JONGG    ◊ TANGRAM

◊ KAOLIN         ◊ NANKEEN      ◊ TYPHOON

# 115    British Monarchy First Names

```
Z A N S E N M E M H A N E
S P E D A I H S O G O K M
A E E E R L N E A R A Z B
U D S T D R O E N E L E H
F Z U R E C D H G R I G C
M I H R S R Q B C U Y R X
A Q L E A D H N B I E O B
R N M W L O U I S E N E X
Y A D A V I D M N H A G N
J E S R Q E L N W T D W A
E A R D E Y A G R E F R A
R J M F N W B I O A T V N
M E G H A N C K W H T V G
M J E D P E S Q U G W I U
P I L A N F A R U H C S S
```

◊ ANDREW        ◊ EDWARD        ◊ LOUIS

◊ ANGUS         ◊ EUGENIE       ◊ MARY

◊ ANNE          ◊ GEORGE        ◊ MEGHAN

◊ ARTHUR        ◊ HELEN         ◊ NICHOLAS

◊ BEATRICE      ◊ HENRY         ◊ PETER

◊ DAVID         ◊ JAMES         ◊ ZARA

# **Warships**

```
E T T O L R A H C K Z Q I
G N B E S N O R C I H U G
Y E C Q O Y B G O D U E A
S A T I I E N S A D H R K
V A B T L N B A S C A U A
S L L F Y U G U B I I H U
A R A W W S G D D L H H J
P S N S Y R B D A S A V C
T Z C B A U H U D O I R T
N M A R K O O I R R E O Q
C O S B R T O E G G A L P
B I T N A V D I I M U Y G
T S E F A R N T G R O A I
K T R K Y I W O N O R T Z
O L A Y A E S O R Y R A M
```

◊ *AKAGI*

◊ *ALBANY*

◊ *ALBION*

◊ *ARGUS*

◊ *BELFAST*

◊ *CHARLOTTE*

◊ *CHICAGO*

◊ *GETTYSBURG*

◊ *HOOD*

◊ *HORNET*

◊ *KIDD*

◊ *LANCASTER*

◊ *MARY ROSE*

◊ *QINGDAO*

◊ *TAYLOR*

◊ *TIGER*

◊ *VIRGINIA*

◊ *ZHUHAI*

# 117    Pets

```
H A D B G Y E P T F A T N
L S L X P U R U P I R K M
A U I P O S L P S T F O F
D R U F A E N I O S E G G
L P A E L N T R Q N O R T
I I E N O A R N M A H A E
Y B Z H M A C L T K C B R
F R T A P O A I H E A B R
V Y A V R M N Y P O R I E
P N A N L D O K L O R T F
E A M T A Q D U E A R S I
D S E T A C U A S Y V T E
V U O E B D R I B E V O L
U Z C O K I T T E N Q Q Z
E Y O K G N R E B B E T H
```

◊ CANARY        ◊ HORSE        ◊ PARROT

◊ DUCK          ◊ KITTEN       ◊ PUPPY

◊ FERRET        ◊ LIZARD       ◊ PYTHON

◊ FROG          ◊ LOVE BIRD    ◊ RABBIT

◊ GOAT          ◊ MONKEY       ◊ SNAKE

◊ GOOSE         ◊ MOUSE        ◊ TROPICAL
                                 FISH

# 118    Let's Agree

```
T I M R E P A V B S A M R
G H B D Y P Z I Q T E E A
A Y W I K T N U R I D O N
D N E J A D A Z C U T A E
E L Z B I R A F R S S C T
D G A N E F D E E Y S I H
E K G E W F S Y F E M C S
W N E I H I Y I I R T L E
N F D U M A T U E A C W E
M A G O S A Q U M O M E M
U E R R R C O I N C I D E
R P E G A S U S E T I N U
N E Y T U N E N G A G E K
J G C S W N T H P A H S T
V D N A T S R E D N U M E
```

◇ ACQUIESCE    ◇ GRANT    ◇ SAY YES TO

◇ BINDING    ◇ MATCH    ◇ SQUARE

◇ COINCIDE    ◇ MEET    ◇ SUIT

◇ CONSENT    ◇ PERMIT    ◇ UNDERSTAND

◇ ENDORSE    ◇ PROMISE    ◇ UNITE

◇ ENGAGE    ◇ RATIFY    ◇ YIELD

# 119 Aim

```
T Y S R N T G N I R A E B
R P H E N I H A Y P J U E
A W M I S H A P R L I A M
M L O E S R E R J B O A E
B P E K T C U R T B B T N
I I C T M T H O J M O A I
T R O F F E A E C Y X R M
I N H I J V C W M Y G G R
O G A R C T R C C E R E E
N I K D I L O N F T R T T
Y S F V E I E V E I L A E
A E E V V D C T P R E X D
G D E P N C G S R J V O B
O L D E R E A S O N R F E
M E T I S P U R P O S E T
```

| | | |
|---|---|---|
| ◊ AMBITION | ◊ DETERMINE | ◊ PURPOSE |
| ◊ ASPIRE | ◊ DRIFT | ◊ REASON |
| ◊ ATTEMPT | ◊ EFFORT | ◊ SCHEME |
| ◊ BEARING | ◊ LEVEL | ◊ TARGET |
| ◊ COURSE | ◊ OBJECTIVE | ◊ TENDENCY |
| ◊ DESIGN | ◊ POINT | ◊ TRAIN |

# 120    Global Warming

```
S A M O C L L E A K D O D
S W U C A G D E P M Y E A
L L P O R E N F A R D N L
E I C A A M B I C I F A E
U N O I T A G I T I M H V
F G S R A M T C O L Q T E
L I E A J C O E S M E E L
I E E C R L A S W A A M A
S I R A Y P L H P M E S E
S U C F N S E E I H V R S
O Q N E O E F L W C E E T
F Y A U C R V F H L N R E
S B E K A A E A K O I P E
B A C I B W P S Z D Y O S
L N O U D P N O T Y V F B
```

◊ ARCTIC              ◊ ICE CAP            ◊ OCEAN

◊ ATMOSPHERE          ◊ ICE SHELF          ◊ OIL WELL

◊ BIOMASS             ◊ IPCC               ◊ OZONE

◊ COAL                ◊ MELTING            ◊ SEA LEVEL

◊ FOREST              ◊ METHANE            ◊ SUN

◊ FOSSIL FUELS        ◊ MITIGATION         ◊ TREES

# 121    Dogs' Names

```
S U E Z E J G R J A K S E
Y T N A R I P R E D S U L
E A C A R A H M S P A Z R
L P E U A L A P U H O X M
I N A N H Y P J O L G O Y
A F I G E D C N I S O T C
B A P K D R E V C S S L U
E R C Y A Y E H E U B A R
G I N R O R E J R O S I E
M P L W N S I A P N D T A
L X V R T Z T S L P E R H
O B C E A S A M A N T H A
T R R C V H K I E K U D R
E T E T J E C N O R E E S
Z V L N E R E E T X B T H
```

◊ BAILEY          ◊ JASMINE          ◊ PRECIOUS

◊ CHARLIE         ◊ KATIE            ◊ ROSIE

◊ CHESTER         ◊ MICKEY           ◊ RUSTY

◊ COOPER          ◊ MOOSE            ◊ SAMANTHA

◊ DUKE            ◊ NERO             ◊ SOPHIE

◊ HONEY           ◊ OLIVER           ◊ ZEUS

# 122    Zoology

```
G D F E R E L T N A M A B
D Y N A J D I S J U N C T
Q E A U N I V A L V E L S
P V T C O N L N Y D E H A
A A U N A P E B E L L P P
R G L P I U M L A L A R D
A I Y L D O D O I Y I C W
C L R A I E J A C D N Y S
H E E E N U O A L A O H X
N C D A R U M T L M L G K
O A I S L W R U N O O O N
I N P A A L L A E E C Z Q
D I S Y V A J R N A V B H
I N V E R T E B R A T E C
T E O R T E T S E J E B L
```

◊ ACAUDAL       ◊ COLONIAL       ◊ MANTLE

◊ ALULAR        ◊ COMPOUND       ◊ PALLIUM

◊ ANNELID       ◊ DISJUNCT       ◊ SCALY

◊ ANURAN        ◊ EVEN-TOED      ◊ SPIDERY

◊ ARACHNOID     ◊ INVERTE-       ◊ UNIVALVE
                  BRATE
◊ CANINE                         ◊ VAGILE
                ◊ JOINTED

# 123    Delivery Service

```
R E Y P S Y E P S Z K C I
A U O D S E S R S D R X J
P S A X T E H O A Q O S E
A O T U X U U D L M W O C
R S I O R B N U C Q T O G
S E B G R M R C T E E G B
R R N I S E M T S T N R G
E O P I V W S S R V N A N
W B T I L T K A I U O C I
O P R E C N O I F D C I P
L D A E K P O S T A L K P
F O R R H C H D Y I S K I
U I E U C F A S T L K G H
D P A N S E A P J E A N S
N O F E N I L R I A B J C
```

◊ AIRLINE          ◊ FLOWERS          ◊ POSTAL

◊ BOXES            ◊ GOODS            ◊ PRODUCTS

◊ CARGO            ◊ NETWORK          ◊ ROADS

◊ DIRECT           ◊ ONLINE           ◊ SHIPPING

◊ DRIVER           ◊ PACKET           ◊ STORES

◊ FIRST CLASS      ◊ PARCEL           ◊ TRUCK

# 124    Greek Mythology

```
P A N E Y N S E M A I R P
C A F P O R M E N Y A D N
B P R S U S S I C R A N L
E A C S T E N O I R O K B
H O Q H F Y E S T H E N O
E R T T Y E X J P P Y M R
N O S A J D J O R M M S E
S I U A R J R O A Y A T A
E P G T P E T A V N I E S
H E R G L C E R I R R Y L
Y S A L E O A R E E S C P
D C E H G L D S B T H T R
H B L B E S I U N A O M V
H E S T I A S U O W C O L
K E L Y S H H S A R E K J
```

◊ ARGUS

◊ BELLERO-
  PHON

◊ BOREAS

◊ CHAOS

◊ ERATO

◊ EREBUS

◊ HARPY

◊ HECTOR

◊ HESTIA

◊ HYDRA

◊ JASON

◊ NARCISSUS

◊ ORION

◊ PRIAM

◊ STHENO

◊ STYX

◊ TIRESIAS

◊ WATER
  NYMPH

# 125    Double "F"

```
D E T C E F F A T O U G F
B E Z A F S A E L J N F F
F F A T S E Q A F I J F A
E E F F O C F K F F A T N
R Z L A I F V F D T A S H
F T P F U F U T A D D C N
F F L B F T O F R R W A E
A F A U S A D F T O I D R
L O F I C E W A I E F G F
W I F F F I R Y F H G F N
C H A F Y I F B F U N A E
J C I P F L U F F Y F C Y
M M R F O C S T I F F L Y
T C F E F E O F I D I F N
T L E F F L U X F S A F F
```

◊ AFFAIR              ◊ EFFACE              ◊ STAFF

◊ AFFECTED            ◊ EFFLUX              ◊ STIFFLY

◊ AFFIX               ◊ EFFORT              ◊ STUFFING

◊ BUFFALO             ◊ FLUFFY              ◊ TARIFF

◊ COFFEE              ◊ GIRAFFE             ◊ WAFFLE

◊ DIFFICULT           ◊ MIFFED              ◊ WHIFF

```
P E Y L G K J D R U V E Q
P A L P R D H Y W A G B U
C K U A A I L E A V E S I
K P B C A S V M F W E B C
C M R B L A S S W T A F K
E S G O M P R O O A A O V
S A Q O C P M U N B L A G
E C O Y G E T A S F N T W
D S R G N A E C K I M F I
E W E A L R O D S E C F T
P X T S M N Q H V E F B H
A N R E D R U N O O F O D
R W E Y Q U I G N D Y V R
T T A K X F G U W A Y H A
Y M T E V I R D E S E G W
```

◊ ABSCOND     ◊ LEAVE        ◊ RUN OFF

◊ DEPART      ◊ MAKE FOR     ◊ SCRAM

◊ DISAPPEAR   ◊ PASS ON      ◊ SET OUT

◊ DRIVE       ◊ PROCEED      ◊ VAMOOSE

◊ EMBARK      ◊ QUICK        ◊ VANISH

◊ GO AWAY     ◊ RETREAT      ◊ WITHDRAW

# 127    Nine-letter Words

```
R R E F R O T C A R F E R
E L R S A M E R B M S H N
H S A L F S W E N H D A Y
T A B T D R A E F T E S O
A F R D O C K E T I N G T
F A E M T D E I D R F D B
D H L V O N C N I O D R D
O D N A L N E E R G E A E
G D M R M I I M N L C V L
D L E T R Y U U I A E E B
W A D F V L R E M D N L M
A J Y L A C I H T E N U A
J O Y I M A W Y C U I O R
B K C U R T S E W A A B C
R E T A W H S I D E L H S
```

◊ ALGORITHM          ◊ DECENNIAL          ◊ HARMONIUM

◊ ANECDOTAL          ◊ DISHWATER          ◊ LACHRYMAL

◊ AWESTRUCK          ◊ DOCKETING          ◊ NEWSFLASH

◊ BOULEVARD          ◊ FORMULAIC          ◊ REFRACTOR

◊ BOYFRIEND          ◊ GODFATHER          ◊ SCRAMBLED

◊ CONDIMENT          ◊ GREENLAND          ◊ UNETHICAL

## 128  Hiking Gear

```
E N O H P L L E C A R G W
O T R E K K I N G P O L E
J O P E N A F O O D B E J
F A V J M Z R S E S F A N
F I L A Z A F A O J C N K
R T R M C M T C B K G C S
A E E S L U K C E I A K E
C K L S T S U T H S N E A
S N Z T E A R M K E T E A
E A G O S N I C F K S R R
V L P O N I U D N L E L M
O B W B A R H I K M A J A
L U O M A T F W A I S S T
G L D O R E G C Z G T H K
G E S F O O R P R E T A W
```

◊ BLANKET

◊ BOOTS

◊ CAMERA

◊ CELL PHONE

◊ FIRST-AID KIT

◊ FOOD

◊ GLOVES

◊ JACKET

◊ KARABINER

◊ KNIFE

◊ MATCHES

◊ RUCKSACK

◊ SCARF

◊ SOCKS

◊ TREKKING POLE

◊ VACUUM FLASK

◊ WATER-PROOFS

◊ WHISTLE

```
C  T  U  C  I  T  C  E  N  N  O  C  T
R  O  Y  E  V  N  O  C  O  N  E  X  U
E  I  N  E  A  C  O  N  Q  U  E  S  T
R  I  X  D  C  P  O  M  U  T  N  E  C
U  C  E  R  O  O  U  N  N  G  R  S  O
J  O  E  V  H  R  N  O  I  E  R  E  N
N  N  T  P  I  R  C  S  N  O  C  M  A
O  A  M  Z  B  T  N  C  O  N  V  E  X
C  O  N  C  H  O  U  M  D  L  N  O  C
L  G  Y  F  C  C  T  C  J  B  E  R  T
C  C  N  O  H  E  T  I  E  C  N  O  C
G  O  O  J  V  N  O  C  H  S  V  G  G
H  T  N  N  H  N  T  N  E  T  N  O  C
C  O  N  G  E  R  O  C  O  N  V  O  B
C  O  N  R  O  D  T  C  A  T  N  O  C
```

◊ CONCEIT

◊ CONCH

◊ CONDOR

◊ CONGER

◊ CONGO

◊ CONJURE

◊ CONNECTI-
   CUT

◊ CONQUEST

◊ CONSCRIPT

◊ CONSECU-
   TIVE

◊ CONSIGN

◊ CONSOLE

◊ CONTACT

◊ CONTENT

◊ CONTEXT

◊ CONVEX

◊ CONVEYOR

◊ CONVOY

```
E K S G F O U R T O P S M
L I E G E N E P I T N E Y
V N U S H Y P U D S R T A
I S L W E O O E E N S E A
S W B O N F R S N A A R N
P G Y D Z F T S M V L D A
R N D A N B R E R O M E T
E J O H W E H T G N N Y N
S E O S M A K U A O P D A
L J M A J C T T G D O L S
E V E N N H O L L I E S Y
Y R O C R B E I N A L E M
D S P I E O A K I N K S R
C K E P V Y E E D I K I K
R A V E I S O W Z G Q D K
```

◊ ARLO
  GUTHRIE

◊ BEACH BOYS

◊ DONOVAN

◊ DREAMERS

◊ ELVIS
  PRESLEY

◊ FOUR TOPS

◊ GENE PITNEY

◊ HOLLIES

◊ JOAN BAEZ

◊ JOHN FRED

◊ KIKI DEE

◊ KINKS

◊ MELANIE

◊ MOODY
  BLUES

◊ OSMONDS

◊ SANTANA

◊ SHADOWS

◊ THE WHO

# 131    "U" Words

```
U N A E R U P S E O K F U
K N U E L R U M N U R A V
S X B N U B I Q U I T Y E
Z M W Y B M A S Y U S U U
U U S A L O U N A F E N M
D R E D Q R R Y U L U H Y
E A U N Y L E N S I B U E
T D E I T N U T Y A T R L
I D P W U Y U N T O E T E
N U V P D I R N P U W N L
U I D U O I Z I C B U R U
S V E D L U A R A O V A K
A L O G E E R U F F I N U
E U I L V R O W M T N L B
S E N I R A M A R T L U U
```

◊ UBIQUITY        ◊ UNABLE        ◊ UNITED

◊ UDDER          ◊ UNBORN        ◊ UNTIED

◊ UKULELE        ◊ UNCOIL        ◊ UPWIND

◊ ULNAR          ◊ UNEASY        ◊ USURY

◊ ULTRAMARINE    ◊ UNFAIR        ◊ UTOPIA

◊ UMBER          ◊ UNHURT        ◊ UTTERLY

```
S A F I U K O D U S O P K
Q T B E X E M P T A P D Y
U X E N G C O E G E D G O
E S F E Z A R B Z E R O Y
L P A X R I G R R A L C J
N R S N S T E N B E P E G
O E G E A V S D E B C E S
I W D D P E D H B N N I W
N S E D R O C C A H F I O
U N T T W U L T D J E X R
B A S D H O S I E B U I R
A T U Z N G D W C U Q S A
O F R D J G I S N Y R I N
D C O A S S R E B B O R S
F N S W H T A B H O T S U
```

| | | |
|---|---|---|
| ◊ ACCORD | ◊ HEIGHT | ◊ RUSTED |
| ◊ ANSWER | ◊ JEWISH | ◊ STANCE |
| ◊ BUNION | ◊ LONDON | ◊ STREET |
| ◊ DESIRE | ◊ NARROW | ◊ SUDOKU |
| ◊ ENGAGE | ◊ POLICY | ◊ SWITCH |
| ◊ EXEMPT | ◊ ROBBER | ◊ TORQUE |

## 133 So Easy

```
G N I L I A S H T O O M S
E K A C F O E C E I P A P
D E T A C I L P M O C N U
K E T L A A C R I P B A H
B L I A L U Q A U G N G E
L A I V I R T S S A R E C
H M T L I G H T T U J A H
K R A O Y O V U A Y A B I
S O K Q V C R E A Z G L L
U F R E L A X E D E J E D
R N R W L P A I N L E S S
E I A R G N P T M M H A P
B F O O R P L O O F E D L
E E E R F E R A C M E D A
T E U N H U R R I E D G Y
```

◊ CAREFREE

◊ CASUAL

◊ CHILD'S PLAY

◊ FOOLPROOF

◊ GENTLE

◊ INFORMAL

◊ LIGHT

◊ MANAGEABLE

◊ NATURAL

◊ PAINLESS

◊ PIECE OF CAKE

◊ PUSHOVER

◊ RELAXED

◊ SMOOTH SAILING

◊ SURE BET

◊ TRIVIAL

◊ UNCOMPLI-CATED

◊ UNHURRIED

# 134 Tropical Fish

```
S U L C N I C O T O S A T
H T U O M E R I F C A H I
F I A S T P M R I E S G N
R N M D D U P S E I E I S
O A P A R I S L F F U R E
N S W E R O D R E Q F R T
T B V P R U E P E C A U I
O E R T E H O L C C O S P
S V A A C R R G S C S U A
A I B R B A E O O E R C R
L M A H H Y L D H A K S O
O J O R E L S S P D B I B
F L Y I N G F O X A V D S
Y P P U G V Q C R F C V A
Z W S I S N E B I R K U R
```

- ◊ ARCHER FISH
- ◊ DISCUS
- ◊ FIREMOUTH
- ◊ FLYING FOX
- ◊ FRONTOSA
- ◊ GOURAMI
- ◊ GUPPY
- ◊ HARLEQUIN
- ◊ KRIBENSIS
- ◊ OSCAR
- ◊ OTOCINCLUS
- ◊ PLECO
- ◊ PUFFER
- ◊ RASBORA
- ◊ RED PACU
- ◊ ROSY BARB
- ◊ SCISSORTAIL
- ◊ SEVERUM

## 135    At the Beach

```
T R W I R I T A R E S N S
A E C A E P E R U S B G E
L F T S I S O F T S A N D
L R W I P M P A L L L W K
E U D G D R H I F A M S N
R S U I C E A S E V O C E
B U N W M E S Y W I P S I
M B E Y A U N W P R O S T
U G S P E V D S O P A L E
I S E V O A E F O A C A L
T P U G G A G S L R S D A
S H I N G L E I S A V N H
F A B U V O G L G S T A C
Z S L L E H S N K O P S T
E L W T R M R A S L E L L
```

◊ CHALET       ◊ PIER         ◊ SOFT SAND

◊ COVES        ◊ POOLS        ◊ SPRAY

◊ DUNES        ◊ SANDALS      ◊ SURFER

◊ FLAGS        ◊ SEAGULL      ◊ TIDES

◊ MUDFLATS     ◊ SHELLS       ◊ UMBRELLA

◊ PARASOL      ◊ SHINGLE      ◊ WAVES

# 136    Shades of Red

```
V E R N O I L I M R E V E
O G N O C A S C P N R D S
C C Z R P A R O I U M O O
K N R S U T E R F K Y O S
O R K I G B A O F P T L R
C N E Y M Y U J R U E B F
L A A T C S R A N U E L O
N H R C S X O T K A D Y L
A E K D E B S N T I E D L
I T D V I E O U A K F E Y
T I H V H N S L R G M K X
I L R C T C A U X A C R C
T E B O A R T L L I U O C
E E M N S R C F R B L A S
S A R H G E D B Y S O R A
```

◊ AUBURN          ◊ CRIMSON         ◊ RUDDY

◊ BLOOD           ◊ FLAME           ◊ RUFOUS

◊ BRICK           ◊ FOLLY           ◊ TITIAN

◊ CARDINAL        ◊ LOBSTER         ◊ TURKEY

◊ CHESTNUT        ◊ ROSE            ◊ TUSCAN

◊ CONGO           ◊ RUBY            ◊ VERMILION

## 137    Musicals

```
N  I  D  D  A  L  A  F  C  J  M  K  N
S  S  E  H  C  E  W  A  V  I  O  N  Y
W  L  E  A  T  E  R  T  E  H  G  R  U
E  E  H  S  T  O  O  B  Y  K  N  I  K
E  C  G  P  U  O  T  W  G  A  C  P  G
N  N  R  S  E  U  M  O  A  K  T  E  Y
E  I  E  J  O  L  D  M  I  V  I  Y  T
Y  L  A  H  K  S  A  S  Y  N  S  E  E
T  O  S  H  P  R  S  J  E  G  N  M  E
O  R  E  E  I  M  O  W  C  E  A  A  E
D  Y  L  A  E  L  M  S  A  F  R  R  V
D  L  N  K  I  O  C  A  I  R  T  A  I
G  N  A  V  O  Z  F  C  E  E  N  H  T
E  T  E  N  A  R  I  S  A  T  I  R  A
E  R  J  O  N  Y  O  U  R  F  E  E  T
```

◊ ALADDIN

◊ CAROUSEL

◊ CHESS

◊ EVITA

◊ FAME

◊ GIGI

◊ GODSPELL

◊ GREASE

◊ IN TRANSIT

◊ KINKY BOOTS

◊ KISS ME KATE

◊ MARIANNE

◊ NEW MOON

◊ OLIVER!

◊ ON YOUR
  FEET!

◊ SHOUT!

◊ SWEENEY
  TODD

◊ TOMMY

## 138    Things That Can Be Broken

```
E R E I P A Y G K F R E M
R E V O C M K Z N Y E U B
S H T O O T P E N C I L H
E Y P S M U W E S T R M W
P S C C M S V T A B R E S
I K Q E A E W E D H A R N
P C M T N O S A G P B O O
L O L M D I I I E I D K I
H R Q N M A S Y D G N Y T
A E I O E R J B L G U P A
B W R O N E E L Z E O E L
I P P I T U E P B H S M E
T U I R M P T R U S T Y R
S A E Z S E H C R A S H M
L T E Y D I E S E L U R A
```

◊ ARCHES

◊ COMMAND-
  MENT

◊ COVER

◊ HABITS

◊ HOME

◊ NEWS

◊ PENCIL

◊ PIPES

◊ PROMISE

◊ RELATIONS

◊ RHYME

◊ ROCKS

◊ RULES

◊ SOUND
  BARRIER

◊ SPELL

◊ TOOTH

◊ TRUST

◊ WINDOW

# Solutions

## 1

## 2

## 3

## 4

## 5

## 6

## 7

## 8

# Solutions

**9**

**10**

**11**

**12**

**13**

**14**

**15**

**16**

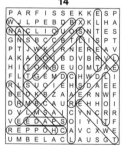

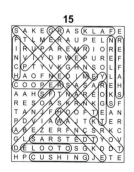

# Solutions

## 17

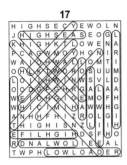

```
H I G H S E C Y E W O L N
J H G H S E A S E O G L
K H I G H K T L O W E N A
P C A G W M O Y H G N I R
W A L C H W A L D O M T I
O H L K T W O R O S U U M
L O L N W S V L D
O O D G E G H R G A L A A
W E O H G G E M O F H
W H I C I M H A W W H G I
A N H H F H I Z R O L G I
T H I G H I S N Z L I I H
E F I L H G I H D S F H O
R D N A L W O L E E A L
T W P H L O W L O A D E R
```

## 18

```
S A M E N N U M E S Y L
K I R K H A M M I F H B L
E A R U T J M H O T O N E
S R Y D H K Y L A S A A W
P Z I Y T M E O K L R E
A P P K N E R E L H O O H
K O Y T A O T A Q S A W F
R L E T S B D T K I E V
Y U L L N H R N S R S R C
T N N T R O G R E P O O F
U S A P T O M L R A P W
B K T X D O D U D G C U
X Y S Y V Z M E A A D T A
Y J E D A M O Y O E N S R
V E R F D L F N W V B I I
```

## 19

```
W S O G N N O O R Y V T K
Y M T Z N C A Y A E Y X B
X R M U V I V W L R E T A
T H A E O Q D P D O E I A
E O V R Y E N R V T Y N
F O L K B A P R E P S H B
M M F P B V O T F L Y P N
M E U E R H L E M A
O S F L B E C N A M O R A
J T T X T Y R L S E G E
O U B S V C E E V E O S
O L W O L N N P A V M I B
E W N Y N F E A J Z I B A
S T T C F C F P F C R E F
K E Y I N G A L E W C H W
```

## 20

```
C V J M L E T A A I N T W
O K A R A A P E M G B A S
U R V M C A Z R O U Q C F
G V I D E A F L L G P E C
A L N E R H D U A R P L A
R A S E E E A M R B R G R
S A G N N A L M B N A
O I A C I D W A E R S U C
T M A P W M R Q R E G U A
O T K S E R V A L B H A L
L C D O A P R T P Z L C Y
E E L S D T A C B O B E U
C J A Y K K A Y E T E T D
O D D E T O O F K C A L B
R A U G A J H D A P D O O
```

## 21

```
N R K N O R E N P F T E V
C E S S I T F E L R E R G
R T Y C A R R D E A O U K
B A M D U L X A D H S T W
A W I T R U R Y E J X T
M C T S Y Z P T P F I S
C O O L I N G R A C K M H
B A K H F N R R N P A D I
M A B D A E S U I B S S L
T G Y B H G N I T A E B W
C U P C A K E S F A N L F
O N E Y D G P U A L E W E
Y V L P G O E G O F S O R
I H E S O M N A L V L B A
S L P N A V O R A W J Y K
```

## 22

```
F S F L L E I C P W N E M
F R A H W Y R A N A C C M
Z L S I Y H R I A F Y A M
G O C U T T Y S A R K E B
N Y E L I A B D L O H L I
A P H P A T O N E C W T G
C A Q L T H E E A C Y P B
I L X A A R S M H B A H E
B L T M W L D O U R A R N
R M X B R E A K R E A K
A A Z E N T N D R O Y Z P
B L A T I P S O H S Y U G
F L A H L F D Y S O A Z K
R C H E L S E A G R F E O
E S B A C I M A F E P E S
```

## 23

```
C D A R E T U O H C T I P
H H T T V P C R D A R L R
L X B O W T D L W U R Y
J L R N L B I G E O S W G
P U D G R S W I R H A L
U P N W T E F A F H O R U
R A D D F A U L N T R N H
B T O P H E D P L L T M F
D G W I O P E P A P S O N
B U N C M G E M X T O A
A K G K E S T P T C O N S
T R X O R S O V P O P S D
T T K F U A S T E E L H E
E L S F N T M E L U R O M
R E L G N I S S O O N T S
```

## 24

```
G S A G G N I T U O U E E
N P U I S M T B E R A E M
O A P A R T M E N T A E B
I M E S U P S V U P T S I
T O M S P C O Y I N X I K
A U N U G P T R E E U E I
N Y I P U R B G T J W W N
I P A O C G A G A T A S I
T Z R A F L E W C O A C H
S G E L E T O H P S U C E
E B M V T A Y W I A S K D
D H A U E L P V E X R E I
N R C H A R R E I S A A U
T U N O I S R U C X E T G
E R O T A R E P O R U O T
```

# Solutions

### 25

### 26

### 27

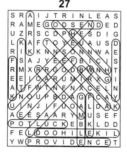

### 28

### 29

### 30

### 31

### 32

# Solutions

**33**

**34**

**35**

**36**

**37**

**38**

**39**

**40**

147

# Solutions

## 41

## 42

## 43

## 44

## 45

## 46

## 47

## 48

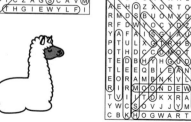

# Solutions

## 49

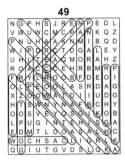

## 50

## 51

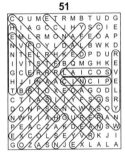

## 52

## 53

## 54

## 55

## 56

149

# Solutions

## 57

## 58

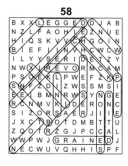

## 59

## 60

## 61

## 62

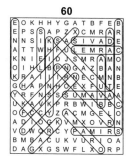

## 63

## 64

# Solutions

## 65

```
I I N E T A R T S U L L I
L I L A A I R Y L L I I H
F I T Y L L E B H L W O L I
A S U S T T R C I I E W L
T D U O S E T L I L L L E
E L L O B E A I F D I L
D L E I X O N Y C I L L I
I L O E R B I I L L I B
O L L L S E T L L O L L L
I V L L L I F S O J U L E
E I T L E E O E U O C U I
E M I D D Z O N C L K M L
G N I T T I F L L N L E L
I L L C I L L U S E C I I
```

## 66

```
A N C I O A S H H A E N K
I E M J P A S T A R S D M
L E W E D I R O L H O R X
L R R H L N O D B E E A O
A C B O T D S L I L J D F
H S P L E R E L R A Z N G
R L I L D I N J B D M A L
E T A C I F I T R E C T
T V E D D I M G R M E S Q
A O S M O F B T Q Q R C C
T A N N I V E R S A R Y H
W D N G Z E R D P W R R D
M C L M U L P V O G O D I
A S O L D E R E O M E R S
V T I U O T S D N L S E D
```

## 67

```
N M U F I E N S W S S G K
I O K F C T I A L G A Z C
Q R D O L V X U A D T R A
P A K L E T W S B X A D N
E R T N L A S U S I Y O Y
N M A B E R R Y G E G N G
E I L B A R E A N A N A C
D F B D N H X L N L O S V
D P S O R L E S A V L R L
G A Q X I O O A N Y A A V
A G J A C S R E D U R T E
R Q N I T S D X O S H I J
T U O K L I O A N J H H P
E L X R E A C L L Z A A Y
N U E F E N D E R E P E W
```

## 68

```
A O I A B F B N Q B L N K
I M H T P G A E M M T E A
I W A T O E H B E A V E R
E N M G C L O O G H C E Z
Y N Y O R Y L S A A J E T
R S O O U O A H R P R V G
G H T T N L X E U D E E G
D O B S S N T L S W N R D
P W L N R Y A A A E G G
R M Y D K E M N Z R L
A E D J E R F I X O N H E W
I A L Y I N P O E D I E S
R P E A C H S X O A D N R
I A L B L S L N I T M L O
E S R P O A I L A A C K O
```

## 69

```
T F T T O F F O N I P S R
N F C T D A U K T Q S R W
E O T T S Y L P L I S A U
M Y Q C W N U A S U C R
G A H N U T L K D H M R Q
D P U S I D R R S D O F F
U T H S O R O N L X V T Q
J T C U P L E R O C S C K
S E R E E N U P A T I D
R T L U F E B T X H F D E
S E Q M H F T T I Y R N
V E A T J U E F N O R E D
S R E W S N A J B O W N Y
K I D E C I S I O N W Y N
X J T S A H F G R A D E G
```

## 70

```
E X H N Q H R C O T U P E
E L U S D T E R I D E R U
O R R O L F I M E N A W F
O E F O L L D V N I A
E T L M S L A T N H E T U
D N N A E E R N S R N L
B A D M I N T O N N A M T
I C H Q E A T W R S N S
R E G N E O O E U S P R
L E O G R X L A H T A E E
L S N E U J S D E A R N L
B L A N K E T K D D G A
I R R X J U A C G A Q L A
I H I L X W A I E A S T S
S K A E Z D F Q U M O Y S
```

## 71

```
C O N Y S W O R D Z M D X
G E W W S T S T E E H S
N F D N O T E D H Z H Q I
I B A T P D P R S H T A B
H F E I P R P R T R M R C
S P R R A I R E L T R N B
A I P E Y M B D T A N V
W L S D E D K B H I M M E
T L D G R Q Y G Z A E H K
E O E N S N I Z Y H H C Z
R W B I Y N L H U R Y R S
O U O Z D T W M A X E O
P K C O L C M R A L A S I
U I O W D W R B M A N E E T
A G F D I T P X T P F I B
```

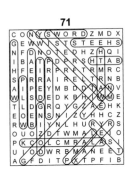

## 72

```
L I G Z E N O B H L H K E
N O X R F N W A R M E R O
L T O U K Z U G N R J K L
P C V S R E G N E S S A P
L I O L E Z S T E P I A W
S F U M A U S D H O K R P
A F N B R T I H R C F R R
P A L E A P F W E A R E I
D R K L B T W Z M Z O L N
J T L D N H H V B E S B T
H P N M D Y D O C T O R S
Y I X R H A E O O K H E L
K T L E V E R O T O R Y
W L B L N T L E L O X A E
X R R E S A B D S O N D M
```

# Solutions

**73**

**75**

**74**

**76**

**78**

**77**

**79**

**80**

# Solutions

## 81

## 82

## 83

## 84

## 85

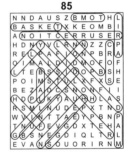

## 86

## 87

## 88

# Solutions

## 89

## 90

## 91

## 92

## 93

## 94

## 95

## 96

# Solutions

### 97

### 98

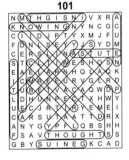

### 99

### 100

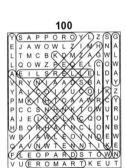

### 101

### 102

### 103

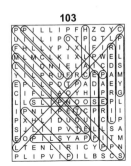

### 104

# Solutions

## 105

```
S W C Q U A D I P T E R S
S L A T T E M U G U L F M
A R N S K S U H P Y C S Q
L E T T A V T U U K S U U
G G E A T I C A Z Z A T E
L G E I E E T U N I A S S
I I N N E C R I C E U S T
A J V F N O H H R R A T O
T V F E J N I A C A R O G
K O P E R O R E L B M U T
C C M G N G B T B I I P E
O D Y I G G A T E Y C U W
C N E L N I S Y B A R E D
R T V G I N N O T Y H R L
S S A L G X T P O R R O N
```

## 106

```
N D E G S S R W E A R A A
E W O J L L I V L I C H D
U M C A R M E U C S L Y R
L B O L F V A E V A P I J
D G E R E E Y T H W L O S
B R U S H A A B E W I L U
R I Y P O O N V R G I L N
E M H I H H N A N H S A
G E R Y N R N E N H T H H
N L I N D G S E D G B B
O R N S B C O B D D L U U
P L S R O O C F O R C T A
S H I N B A O G F K A S E
P U N K P V P O E H F G I
E R G S K E M T I C T A B
```

## 107

```
E T H G I R W K R A A L S
R M E P O Y E N E H C A D
E A D A M S I E Z E R R E
G D V A L E R E A O V C E
L D G U S T R A U S T E T
S E E A D G N I L T A G C
S N P N R R L U B P T E A
U T U R P I N B F A R E R
A O K W K Y R O Y R P E P
R J P Y T H E W A R A T E
T G E R P A K Y A D A N T
S C U V P G L Y A Q D N T
K O E R N A D I R E H S E
C C Z E P N I X O N L E U
F E R T H S A E M L E A U
```

## 108

```
P A D E N B E A S Y E A E
A R C H W A Y I P E S U P
R E V E T M E N T P I T R
A P B H E G O S E H A C A
P N M U E D L A M O S O C
E E A S L Q W R M A E P S
T F E D H W A E R A C S E
Y V N K E R L L O I U S
U B O I F R E R L D V E T
R B S J R B J D N E L A P
M E R L O N E N V E O Y M
M V R S D D I H D W F S H
D R A W B A R E E E S E G
G A G S G T E R R U T E D
```

## 109

```
E E G A R S T E R A T C I
T C C B I E H A Q O O N E
A H N L E D I S C E R N
T R E T A H I W H X E W
N B E H O L D C S P P V
I F S B T N G D N C I A
U A F H S A E R A E D
Q E G S T E S Y A W C Z
S I E P E R U S E G R
S G E Y J I S D Y M U E O
Y N F O E S H O Y R S P R
E A U N N S M Y F N T R C
B N I E K A T N O Q A Z S
O Y S E L G G O G Y R D S
E M B R I L P Y A B E W L
```

## 110

```
N G A U B E L O T S I R B
E R H I N O T U L N M E U
D D K L R P I U U T E T K
O O C A D E E G G N W C H
F D V O H A O E C Y A C S
N I D L K H L A J M I M R
V G C L S A D D R F T I E
E L A U O D E A L Z A U
T A R U Y R N R I P O Q L
C C F Q O W T B H B N V D
E A F F O T R A M F N U L
K J D R S E C O D V C B Z
U E T A T N C E P A S B U
B H V E H B A G T S B I S
V K P I V E C O I S E H K
```

## 111

```
I W R Y L P E R I M O O C
B X H A C A S A S A N L E
O R E M A O G N U C A A E
R D Y R S X E R T G E R O
I K S Y U K O N U H S A P
A O T H I L W C M A E P A
N A O N A C A V N J O R T
N C G V Z R E M K K U V R
C T B O P M E T I M U Y A
A E H O H O E L N A S R N
B Y N T L V N G R E P A
R O A B P E O E N I K L I
Q P Z T S C R V B O Y K D
T U A G Y A A O C N A F N
M U K O M F L Y A W A Y I
```

## 112

```
N A S K C E L O N I M E S
N P C K A A G D P C P E A
H A I R I P M O W E M A P
H O R C T A N C T T Q W C
B A O R B C R S I N T A H
E U P C A X E G A M F T I
N H L U H C N A Z C A T C
O C C T T X X F S E O K
R E H N L G N N O O T K A
U U U D U E O S V E E S
H O P Y R C W E D E K A A
V T A E U C I M O I T Z W
V C E C H I P P E W A T T
A K B U K A G F E B W E S
E E K U S O C C I M B C W
```

156

# Solutions

## 113

## 114

## 115

## 116

## 117

## 118

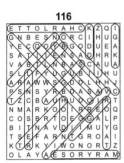

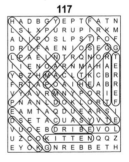

## 119

## 120

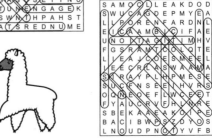

# Solutions

## 121

```
S U E Z E J G R J A K S E
Y T N A R J P R E D S U L
E A C A R A H M S P A Z R
L P E U A L A P H H O X M
I N A N H Y P J O E S O O
A F I G E D C N S S O C G
B A P K D R E E S S L U
E R C Y A V E H E U B A R
X I N R O R E J R O S I E
M P L W N S H A P N D T A
L X V R T Z T S L P E R H
O B C E A S A M A N T H A
T R R C V H K I E K U D R
E T E T J E C N O R E E S
Z V L N E R E E T X B T H
```

## 123

```
R E Y P S Y E P S Z K C I
A U Q D S E S R S D R X J
P S A X T E H O A Q O S E
A O T U X U U D L M W O C
R S O R B N U C Q T O S
S E B G R W R C T E E G B
R R N I S E M T S T N R G
E O P I V W S S R V N A N
W B T T K A U O C I
O P R E N O I F D C I P
L A E K O S T A L K P
F O R R H C H D Y I S K I
U I E U C A S T L K G H
D P A N S E A P J E A N S
N O F E N L R I A B J C
```

## 122

```
G D F E R E L T N A M A B
D Y N A J D I S J U N C T
Q E A N J V A L V E L S
P V T C O N L N Y D E H A
A A U N A P E B E L L P P
R G L C U M L A L A R D
A I Y L O O O Y C W
C L R A J E J A O D N Y S
H E E E N J O A L A O H X
N C D A R U M L M L G K
O A I S L W R U N O O O N
I N P A A L L A E C Z Q
D I S Y V A J R N A V B H
I N V E R T E B R A T E C
T E O R T E T S E J E B L
```

## 124

```
P A N E Y N S E M A I R P
C A F P O R M E N Y A D N
B P R S U S S I C R A N L
E A C S T E N O I R O K B
H O P H E Y E S T H E N O
E R T Y E X P P Y M R
N O S A D D V O R M M S E
S I U A R X O A Y A T A
E P G T P E T A V N I E S
H E R G C E R I R R Y L
Y S A E O A R E E S C P
D C E H G L D S B H T R
H B L B E S I U N A O M V
H E S T I A S U O W C O L
K E L Y S H H S A R E K J
```

## 126

```
P E Y L G K J D R U V E Q
P A L P R D H Y W A G B U
C K U A A L E A V E S I
K P B C A S V M F W E B K
C M R B L A S S W T A F K
E S G O M P R O O A R O V
S A Q O C P M N B A G
E C O Y G E L A S F N T W
D S R G N A E C K M F I
E W E A L R O O S E C F T
P X T S M N O H V E F B H
A N R E D R U N O O F O D
R W E Y Q U I G N D Y V R
T T A K X F G U W A Y H A
Y M T E V I R D E S E G W
```

## 125

```
D E T C E F F A T O U G F
B E Z A F S A E X I N F F
F F A T S E O A F J F A
E E F F O O F X F A T N
R Z L A J F U F D T A S H
F T P F U F U A D D C N
F F L B E T O F R R W A E
A F A U S A D F T O J D R
L O F I C E W A J E F G F
W J F F F R Y F H G F N
C H A F I F F B F U N A E
J O I F F L U F F Y F C Y
M M F O C S T J F F L Y
T C F E F E O F J D I F N
T L E F F L U X F S A F F
```

## 127

```
R R E F R O T C A R F E R
E L R S A M E R B M S H N
H S A L F S W E N H D A Y
T A B T D R A E F T E S O
A F R O O C K E T I N G T
F A E M D E I D R F D B
D H L A J I O O R D
O D N A I N E X E R G E A E
G D M R M I N L C V L
D L E T R U U J A E E B
W A D F R E M D N L M
A J Y A C I H T E N U A
J O I M A W Y C U N O R
B K C U R T S E W A A B C
R E T A W H S I D E L H S
```

## 128

```
E N O H P L L E C A R G W
O T R E K K I N G P O L E
J O P E N A F O O D B E J
F A V J M Z R S E S F A N
I L A Z A X A O C N K
R R R C M T C B K G C S
A E E S L U K C E L A K E
C K L S T S U I S N E A
S N Z T E A R M R E T E A
E A G O S N C S R R
V L P O N J U O N L M
O B W B A R H J K M A J A
L U O M A T F W A S S T
G L D O R E G C Z G T H K
G E S F O O R P R E T A W
```

# Solutions

## 129

## 130

## 131

## 132

## 133

## 134

## 135

## 136

# Solutions

## 137

## 138